W9-CQJ-292

Librería **DIME**
10121 Imperial Ave.
Cupertino, CA 95014
Tel. 408/253-9096
e-mail: libros@dime.org

"La oración de Jabes es un libro tremendó. El clamor de Jabes fue que Dios le bendijera para que él pudiera bendecir a otros, cambiar su generación y cambiar el mundo".

JASON PERRY, *PlusOne*,
GANADOR DEL PREMIO DOVE 2001,
NUEVO ARTISTA DEL AÑO

"Me quedé simplemente estupefacto por la verdad tan sencilla de la oración de Jabes. Es algo desafiante y realmente ha impactado mi vida".

JEFF DEYO,
SONIC FLOOD

"Desde que leí *Experiencia con Dios* no había vuelto a leer algo que fuera, en potencia, tan poderoso para cambiar vidas. Yo no soy un gran lector, pero con este libro me quedé absorto e inmediatamente empecé a experimentar el impresionante galardón de la oración de Jabes. ¡Gracias, doctor Wilkinson por revelarme, de una manera fresca, el poder de la oración!"

SCOTT ROBERTS,
SOLOMON'S WISH

"Desde que oí hablar de Jabes, camino con una serenidad distinta, con un ánimo diferente. Su experiencia me enseñó a vivir de una forma expectante, a ser consciente de que Dios está trabajando a mi alrededor y también dentro de mí. En vez de ser egocéntrico, ahora voy mirando a mi alrededor para ver *cuál es el plan de Dios para mi vida hoy.* ¿A quién quiere Él que conozca o que bendiga hoy? Ahora vivo diferente de como vivía antes".

GEOFF MOORE, ARTISTA
CRISTIANO CONTEMPORÁNEO

"Este libro realmente me desafió a dejar a un lado todas las preocupaciones sobre mí mismo y a darme cuenta de que estamos pidiendo a Dios que nos ayude a hacer aquello que Él quiere que hagamos nosotros. Está bien pedir que Dios nos bendiga porque con ello vamos a ser capaces de alcanzar a más gente".

RACHAEL LAMPA,
GANADORA DEL PREMIO DOVE

"¡Este es un *gran* modelo de oración y un gran estímulo para orar! Yo he visto a Dios obrar porque estaba esperando que Él obrara y le pedí que lo hiciera. Todo apunta hacia Dios".

ELI, ARTISTA
CRISTIANO CONTEMPORÁNEO

la

Oración de

Jabes

para

Jóvenes

entrada a la vida de
bendición

la

Oración

de

Jabes

para

Jóvenes

Bruce Wilkinson
con David Kopp

EDITORIAL
UNILIT

Publicado por
Editorial Unilit
Miami, Fl. 33172
Derechos reservados

© 2002 Editorial Unilit (Spanish translation)
Primera edición 2002

© 2001 por Bruce Wilkinson
Originalmente publicado en inglés con el título:
The Prayer of Jabez for Teens
por Multnomah Publishers, Inc.
204 W. Adams Avenue, P. O. Box 1720
Sisters, Oregon 97759 USATodos los derechos reservados.

Originally published in English under the title:
The Prayer of Jabez for Teens
Copyright © 2001 by Bruce Wilkinson
Published by Multnomah Publishers, Inc.
204 W. Adams Avenue, P. O. Box 1720
Sisters, Oregon 97759 USA
All rights reserved.

Todos los derechos de publicación con la excepción del idioma inglés
son contratados exclusivamente por:
Gospel Literature International
P. O. Box 4060,
Ontario, CA 97161-1003 USA
(All non-English rights are contracted through Gospel Literature International)

Ninguna parte de esta publicación podrá ser reproducida, procesada en algún
sistema que la pueda reproducir, o transmitida en alguna forma o por algún medio
electrónico, mecánico, fotocopia, cinta magnetofónica u otro excepto para breves
citas en reseñas, sin el permiso previo de los editores.

Diseño de la cubierta por: David Carlson Design
Traducido al español por: Marian Belmonte
Citas bíblicas tomadas de la "Biblia de las Américas", © 1986 The Lockman
Foundation y "La Biblia al Día", © 1979 International Bible Society.
Usadas con permiso.

Producto 495252
ISBN 0-7899-1009-8
Impreso en Colombia
Printed in Colombia

A nuestra hija Jessica.
¡Cada año me sorprendes más!
Y los catorce no van a ser la excepción.
Eres un regalo muy especial para nuestra familia.
Con amor: Papá.

Gracias, en especial a mi socio escritor,
David Kopp,
por tu ayuda al convertir este mensaje en palabras;
Heather Harpham Kopp,
por tu capacidad para editar;
Marcus Brotherton,
por tu excelente ayuda;
y a todos los jóvenes que
aportaron sus historias,
por mostrarme lo que Dios está haciendo ahora
en respuesta a las oraciones audaces.

JABES INVOCÓ AL DIOS DE ISRAEL, DICIENDO: ¡OH, SI EN VERDAD ME BENDIJERAS, ENSANCHARAS MI TERRITORIO, Y TU MANO ESTUVIERA CONMIGO Y ME GUARDARAS DEL MAL PARA QUE NO ME CAUSARA DOLOR! Y DIOS LE CONCEDIÓ LO QUE PIDIÓ.

TABLA DE CONTENIDO

Querido joven:

He escrito *La oración de Jabes para jóvenes* contigo en mente. Los jóvenes por todo el mundo están llevando la delantera en una revolución de la oración. Están viendo a Dios hacer milagros y no quiero que tú te pierdas lo que está sucediendo.

Este pequeño libro empieza con todo lo que incluí en el éxito de librería original *La oración de Jabes;* después nos preguntamos:

> Si Dios quisiera cambiar el mundo con un joven como tú, ¿cómo querría Él que oraras?

Partiendo de ahí, quiero mostrarte cómo hacer una oración atrevida que pueda moldear cada uno de los días que te quedan por vivir. Es breve —solo una frase con cuatro partes— que se encuentra en una parte de la Biblia que la mayoría de la gente no lee muy a menudo, pero creo que contiene la clave para vivir la vida más emocionante y extraordinaria que te puedas imaginar.

¿Quieres saber más de la revolución de Jabes? ¡Espero que sí!

Bruce H. Wilkinson

JABES INVOCÓ AL DIOS DE ISRAEL

CAPÍTULO 1

Hombre pequeño, oración grande

Hay momentos en los que parece que la vida es como una enorme pelota de cuerda marrón. Cada mañana te levantas, recoges la cuerda del lugar donde la dejaste tirada la noche anterior y te vas. El día de hoy se parece mucho al de ayer, un día más, un trozo más de cuerda y esa enorme pelota marrón continúa desliándose...

Sin embargo, hay otros días en los que no sucede lo mismo. Los días no se desenredan como una cuerda, sino que te caen encima como un ladrillo. Algo sucede y todo cambia.

Puede que sea...

- una llamada telefónica,

- irte a vivir a otra ciudad,
- algo que alguien dice o hace,
- una decisión,
- un accidente.

Sea lo que sea, eso cambia tu vida para siempre, puede que para mejor o puede que no. Es como si doblaras una esquina y entraras en un mundo en el que no habías estado nunca.

Este libro trata sobre una sola cosa, una pequeña oración que cambiará tu vida.

A veces creo que esta oración es una revolución invisible porque comienza en lo más profundo de ti. Tú cambias lo que sabes y después cambias tu manera de pensar y sentir para luego cambiar aquello por lo que le pides a Dios y lo que esperas de Él. Todo esto parece muy misterioso y fuera de mi alcance…pero de pronto un día, ¡zas! miras a tu alrededor ("¡eh! ¿acaba de caerme un ladrillo encima?") y te das cuenta de que tu vida ha cambiado… ¡y ahora es mucho mejor!

Si alguna vez has pensado que tu vida debería ser algo más que solo desliar la pelota de cuerda día tras día, estás preparado para conocer a un hombre llamado Jabes.

Cuando Jabes todavía estaba intentando decidir qué clase de vida quería, se miró a sí mismo, pero no le gustó lo que vio; miró aquello con lo que tenía que trabajar, también a su familia y a lo que le pudiera deparar el mañana, pero tampoco *le gustó nada de eso*. Sintió que no era nadie y que no tenía futuro; probablemente él podría haberse descrito por aquel entonces con palabras como *aburrido,* perdedor, o simple y llanamente *estúpido*.

Pero no lo hizo.

En lugar de eso, él hizo algo: elevó una simple oración.

Quiero hablarte más acerca de este hombre llamado Jabes y sobre su oración, pero primero quiero preguntarte algo: *¿estés preparado para hacer algo en el día de hoy que podría cambiar tu vida de ordinaria a extraordinaria?*

Si es así, sigue leyendo. *La oración de Jabes para jóvenes* te va a mostrar lo que sucede cuando los jóvenes se proponen alcanzar una vida asombrosa.

Según esto se va produciendo, verás que esta es la clase de vida que Dios promete. Déjame enseñarte a lo que me refiero…

Pide una vida abundante

Cuando tenía cinco años quería conducir un camión
de bomberos; cuando tenía siete, quería ser vaquero;
cuando tenía diez, quería jugar para el equipo de los
Yanquis de Nueva York, o quizá ser un mafioso (¿te
resulta todo esto algo familiar?); cuando tenía quince,
quería ser saltador de altura en las Olimpiadas.

Pero cuando tenía veintiséis y estaba a punto de
terminar mis estudios, no tenía ni la más mínima idea
de lo que quería ser. Tan solo deseaba una cosa: quería que mi vida contara para Dios.

Recuerdo muy bien aquellos días; recuerdo sen-
tirme un poco inseguro y totalmente perdido. Mi esposa Darlene y yo, a menudo orábamos juntos intentando saber qué sería lo que vendría después.
¿Qué es lo que quería hacer Dios con nuestras vidas?

Un día escuché a un orador llamado doctor Ri-
chard Seume hacer esta pregunta: "¿Quieres una visión mayor para tu vida?"

¿Mayor? Me pregunté yo. *Bueno, quizá, pero yo ya
estoy planeando servir a Dios y vivir una vida ordenada. ¿No
es suficiente con eso?*

El doctor Seume basó su reto en la historia más
corta que había escuchado jamás: solo tres frases del

Antiguo Testamento. La biografía en cuestión pertenecía a un hombre llamado Jabes. Lo primero que la Biblia dice acerca de Jabes es que él era "más ilustre que sus hermanos" (I Crónicas 4:9). El doctor Seume dijo que esto es lo que nosotros deberíamos anhelar para nuestras vidas también. Jabes quería ser y hacer más para Dios.

Yo me fui a casa, y allí en la cocina, mirando por

La oración es una revolución invisible.

Todo esto parece muy misterioso y fuera de mi alcance... pero de pronto un día, ¡zas!

la ventana comencé a orar: *Señor, yo quiero una vida como esa. Quiero ser más ilustre para ti. Pero las preguntas seguían agolpándose en mi mente. ¿Qué hizo exactamente Jabes para sobresalir? ¿Por qué contestó Dios su oración?*

Tomé la Biblia y leí el versículo 10: la oración de Jabes; algo en esta súplica explicaría el misterio, tenía que hacerlo. Piensa en ello: tenemos a un hombre que entró en los libros de la historia por causa de su oración y de lo que pasó después. De pie en la cocina, leí su oración una y otra vez, indagando con todo mi corazón sobre el futuro que Dios tenía para alguien tan común como yo.

La mañana siguiente hice la oración de Jabes, palabra por palabra.

Y la próxima.

Y la siguiente.

¿Y sabes qué? Después de treinta años no he dejado de hacer la oración de Jabes, y Dios no ha parado de responderme. Si me preguntaras qué palabras (aparte de la oración de salvación) han cambiado mi vida al máximo, te diría que la oración de un hombre casi desconocido llamado Jabes.

Jabes y tú

Creo que en esta página vas a tener un encuentro con Dios como el que yo tuve en esa cocina. ¿Por qué creo eso? Porque ahora estás leyendo este libro. Dios te trajo hasta este punto porque Él conoce tus deseos y tus sueños. Él sabe que todavía no lo tienes todo claro en todas las áreas de tu vida, pero también sabe que

quieres algo más que la actividad normal y corriente, algo mejor para tu vida que solo el éxito que puedas ver en la calle o en la televisión.

En muchos sentidos eres como Jabes. Estás empezando a vivir tu vida, pero ya sabes que hay cientos de maneras de quedarte atrapado, de equivocarte, de estropear ciertas cosas para siempre, y tú no quieres eso. Tú quieres algo mayor, quizá incluso algo enorme.

No estás del todo seguro de cómo llegar desde aquí hasta allí.

Pero estás a punto de descubrirlo. Según vayas conociendo más a Jabes y su pequeña oración, conocerás a un Dios que puede hacer que eso suceda en tu vida. Puede que no hayas conocido a este Dios hasta ahora. Él es:

- un Dios que quiere darte más de lo que tú nunca habías pensado pedirle,

- un Dios que tiene un plan muy grande e importante para tu vida,

- un Dios que está dispuesto a hacer milagros cada día a través de gente como tú.

¿Quieres algo como eso? ¿O te causan sospechas las grandes promesas?

¡Escucha! Yo sé que el mensaje de este libro es cierto porque Dios lo ha demostrado en mi propia vida, y porque Él lo está demostrando en la vida de miles de personas alrededor de todo el mundo en este mismo momento, y sobre todo, porque está en la Biblia.

El hombre sin futuro

Alguien dijo una vez que en realidad hay muy poca diferencia entre las personas, pero que esa pequeña discrepancia hace una gran diferencia. Jabes no es una gran estrella en la Biblia como Noé o Moisés o David. De hecho, la mayoría de la gente nunca ha oído hablar de él. Él es como ese niño en la escuela que no es muy conocido o popular. Mucha gente ni siquiera se da cuenta de que existe.

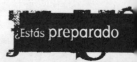
¿Estás preparado

Para empeorar las cosas, la historia de Jabes se encuentra perdida en I Crónicas, una de las secciones menos leídas de los libros menos leídos de la Biblia. Los primeros nueve capítulos de I Crónicas son una extensa lista de nombres poco familiares que incluso a los eruditos más brillantes les cuesta mucho pronunciar.

Toma el capítulo 4. "Los hijos de Judá fueron Perez, Hazrón, Carmi, Hur y Sobal". Y eso es apenas el principio.

Ahumai

Isma

Idbas

Haze-lelponi

Anub

Te perdono si de repente decides dejar este libro y echar mano al control del televisor. Pero quédate conmigo, porque después de cuarenta y cuatro nombres en el capítulo, un relato irrumpe en nuestra historia:

para hacer algo en el día de hoy que podría **cambiar tu vida** de ordinaria a extraordinaria?

"Y Jabes fue más ilustre que sus hermanos, y su madre lo llamó Jabes, diciendo: Porque lo di a luz con dolor. Jabes invocó al Dios de Israel, diciendo: ¡Oh, si en verdad me bendijeras, ensancharas mi territorio, y tu mano estuviera conmigo y me guardaras del mal para que no me causara dolor! Y Dios le concedió lo que pidió". (I Crónicas 4:9-10)

Esto es todo. En el versículo siguiente la lista continúa como si nada hubiera sucedido: *Quelub, Súa, Mehir...*

¿Ves lo que acaba de suceder? Hubo algo acerca de este hombre, Jabes, que obligó al historiador a detenerse, aclarar su garganta y a cambiar sus tácticas. "¡Ah, espere un instante! —parece que dijera—. Precisamente *tiene* que saber algo acerca de este hombre que se llama Jabes. ¡Sobresale por encima de todos los demás!"

¿Qué pasó con Jabes que le hizo ser tan especial? Puedes buscar en tu Biblia de comienzo a fin, como yo lo hice, y no encontrarás ninguna información más, aparte de la que tenemos en estos dos versículos. La versión más corta de esta ya corta historia sería algo así:

- Las cosas comenzaron muy mal para una persona de la que nadie había oído antes.
- Pronunció una oración muy poco común, de cuatro pequeñas frases.
- Todo terminó extraordinariamente bien porque Dios le concedió su petición

Con toda claridad, el resultado se puede rastrear desde su oración. Algo acerca de la petición de Jabes cambió su vida y dejó una marca permanente en los libros de la historia de Israel. Voy a reescribir sus cuatro peticiones:

1. "¡Por favor bendíceme!"
2. "¡Por favor ensancha mi territorio!"
3. "¡Por favor pon tu mano sobre mí!"
4. "¡Por favor guárdame del mal!"

A primera vista, las cuatro peticiones pueden parecer sinceras o inteligentes pero no son muy sobresalientes.

Pero justo debajo de cada una de ellas yace una asombrosa y poderosa verdad que muchos cristianos nunca entienden.

Cuando pongas esta oración en práctica en tu vida, empezarán a suceder cosas.

¡Lánzate al río!

¿Cuándo fue la última vez que Dios obró a través de ti, de tal forma que supiste, sin duda alguna, que fue Él quien lo hizo? En efecto, ¿cuándo fue la última vez que viste suceder milagros en forma regular en *tu* vida? Si tú eres como todos los jóvenes que conozco, no sabrías cómo pedir para tener esa clase de experiencia, o incluso si deberías hacerlo.

Hace poco, fui a Dallas a enseñar sobre la bendición de Jabes a una audiencia de nueve mil personas. Después de almorzar, un hombre me dijo: "Bruce, le oí predicar el mensaje de Jabes hace quince años y desde entonces no he dejado de hacer esa oración. Las respuestas milagrosas de Dios han sido tan desbordantes que simplemente no he podido dejar de hacerla".

Jóvenes por todo el mundo están aprendiendo a orar de la misma manera. De hecho, conozco estudiantes que han hecho la oración de Jabes durante todo su bachillerato y preparatoria, y grupos de jóvenes que la hacen los días previos a un viaje misionero.

El otro día, recibí un correo electrónico de un joven llamado Brandon. "Cuando ores como Jabes, ¡prepárate para lo que te va a suceder!" —escribió él. Me dijo que había tenido uno de los peores días que él recordaba; a su coche se le pinchó un neumático y su novia le había dejado, pero él decidió seguir haciendo esa pequeña oración de la que estamos hablando. Al

Dios sabe que tú quieres algo mejor para tu vida que la actividad normal y corriente.

final de la semana había llevado a tres de sus amigos a aceptar a Jesús como su Salvador personal, y escucha esto: ¡los tres amigos *vinieron a él* pidiéndole que les hablara de Dios! "Dios contesta las oraciones —escribió Brandon—. Solo tengo dieciséis años y Dios me está usando de una manera que nunca pensé que me fuera a usar".

Dios realmente tiene una vida extraordinaria preparada para ti. Él ha estado planeando todas las cosas maravillosas que tú vas a hacer para Él ¡incluso desde antes que nacieras! (Efesios 2:10). Todo lo que tienes que hacer es querer lo mejor que Él tiene para tu vida… y pedírselo con todo tu corazón.

Piénsalo de esta manera: en vez de estar a la orilla del río y cada día pedir un vaso de agua para sobrevivir, haz algo impensable: toma esa pequeña oración con la recompensa grande *¡y lánzate al río!* En ese momento, comenzarás a dejar que las corrientes amorosas de la gracia y el poder de Dios te lleven adelante. El grandioso plan de Dios para ti te rodeará y te transportará a la vida emocionante que te tiene prometida.

Si eso es lo que quieres, despídete de todos aquellos días que se desliaban como una aburrida pelota de cuerda marrón, y continúa leyendo.

Piensa en lo que un millón de jóvenes podrían hacer….

JABES

INVOCÓ AL DIOS DE ISRAEL

OH, SI EN VERDAD
ME
BENDIJERAS

entonces, ¿por qué no pedir?

¿Te acuerdas cuando eras pequeño y les pedías cosas a tus padres? Era muy fácil pedir. Caramelos, helados, juguetes, un balón de baloncesto nuevo, o la muñeca que eructa y se hace pipí y que viene con treinta y siete complementos. Quizá escribiste el último de tus deseos en tu lista de cumpleaños, y después hiciste una campaña para conseguir aquello que querías, por si acaso tus padres no se hubieran dado cuenta de que ibas en serio...

Pensándolo bien, eras un poco egoísta, ¿verdad?

Seguro que sí.

Pero después, pensándolo mejor, quizá no.

Míralo así: estabas convencido de que tu papá y tu mamá te amaban y *querían* hacerte feliz. Sabías que ellos eran ricos (cuando eres pequeño, todos los mayores son ricos). Sabías que si te daban lo que querías, no significaba que alguien más no pudiera conseguir algo bueno de sus padres, quiero decir que nadie iba a *perder* nada porque tú lo *consiguieras*. Y finalmente, sabías que si tú de verdad, de verdad querías algo, tu mamá y tu papá querrían ser los primeros en saberlo. Cuidarte era algo natural para ellos, ese era su trabajo.

Entonces, ¿qué tenía de egoísta el pedir las cosas? Ves, cuando eras un niño, lo más natural del mundo era pedir lo que querías y todas las veces que quisieras.

Ahora, déjame hacerte una pregunta. *¿Es posible que Dios quiera que vayas a Él con la misma alegre (bueno, un poco loca) confianza de un niño y le pidas que te dé lo mejor que Él tenga para ti?*

He conocido a muchos cristianos que creen que pensar así no es correcto. Suponen que van a parecer egoístas o inmaduros si le piden a Dios tantas bendiciones, pero esto no es lo que pensaba Jabes. En algún lugar dentro de él sabía algo que la mayoría de nosotros ignoramos. Estaba convencido de que Dios le amaba y que realmente quería *bendecirle* y que Él podía hacerlo porque su poder y recursos eran ilimitados. Esta clase de confianza en su Padre celestial, hacía que para Jabes fuera natural orar exactamente el tipo de petición que Dios quiere oír.

Quizá no era solo la fe lo que le hacía orar así. Quizá él quería probar un experimento o ya no le quedaban más opciones.

¿Dónde te ves tú reflejado en esta historia?

Echemos una mirada más detallada.

Cambia el dolor por ganancia

Hasta donde podemos decir, Jabes vivió en el sur de Israel durante el tiempo de los jueces (alrededor del 1200 a.C.). Nació en la tribu de Judá, la misma tribu de la que David y Jesús vendrían más tarde. Jabes tuvo muchos descendientes, lo cual explicaría porqué su nombre aparece en la lista de nombres de Crónicas.

Pero su historia en realidad comienza con su nombre: "Y su madre lo llamó *Jabes,* diciendo: Porque lo di a luz con dolor". En hebreo, la palabra Jabes significa "dolor".

¿En qué estaría pensando su mamá para ponerle un nombre tan terrible? ¿Tuvo acaso un nacimiento difícil? ¿Ya no quería más bebés? ¿Fue su recién nacido realmente *así* de feo? Simplemente no lo sabemos.

He oído de chicos que los han llamado Pedro el conejo o Arbusto (a su hermana la llamaron Rosa), pero Dolor les gana a todos. Algo tuvo que pasar para que su madre eligiera un nombre tan extremadamente desgraciado.

¿En qué estaría pensando su mamá para ponerle un nombre tan terrible?

Por la razón que fuera, Jabes creció con un nombre que todo niño odiaría. Como te imaginas, tuvo que soportar durante toda su infancia el que se burlasen y mofasen de él.

Pero la carga más pesada del nombre de Jabes tuvo que ver con la manera en que definía su futuro. En los tiempos bíblicos, el nombre a menudo se tomaba como una predicción. Por ejemplo, *Salomón* significa "paz", y con toda seguridad, él se convirtió en el primer rey de Israel que gobernó sin recurrir a la guerra. Un nombre como Dolor, no le daba mucha esperanza para una buena vida.

Piensa esto por un instante: en la cultura judía, un niño era considerado hombre a la edad de trece años. Poco después, él empezaba a hacer planes para su futuro, lo que quería ser y hacer, y con quién se iba a casar. Es probable entonces, que cuando Jabes finalmente enfrentó los hechos y decidió orar, todavía fuera un joven.

En este momento, halló un camino de salida. Dejó de pensar en su nombre, dejó de estar enfadado con su mamá; le dio la espalda a la burla, y abandonó la preocupación sobre su pasado y su "suerte".

Y él oró, pero no hizo una oración cualquiera. Cuando oró, pronunció la mayor y más extravagante oración que se pudo imaginar…

"¡Oh, si en verdad me bendijeras!"

¿Puedes sentir el intenso deseo detrás de su petición? En hebreo (el lenguaje en el que I Crónicas está escrito), añadir en *verdad* es como añadir cinco signos de admiración o escribir una petición en mayúsculas y subrayarla. Así es como Jabes oró aquel día.

Si pudiera hacer una película para visualizar el significado de ese momento, lo haría poniendo al joven Jabes de pie frente a un muro del tamaño de la Muralla China. Habría una enorme puerta de hierro empotrada en la piedra y totalmente cerrada. Jabes está mirándola fijamente, y sabe que no hay forma de poder pasar ni por arriba ni por los lados.

Pero el joven levanta sus manos al cielo y clama: "¡Padre, oh Padre! ¡Por favor, bendíceme! Y lo que realmente quiero decir es… que me bendigas, pero en abundancia!"

Con la última palabra todavía haciendo eco contra el muro, Jabes oye un golpe tremendo, a continuación algo como un gemido, y poco después un rechinar a medida que la formidable puerta oscila para apartarse de él en un arco muy amplio. Y allí, extendiéndose hasta el horizonte, hay campos de bendición.

Y Jabes avanza un paso más hacia una vida completamente diferente.

Bendición no es lo que nos desean cuando estornudamos

Antes que puedas orar así, necesitas entender con toda claridad lo que la palabra bendición significa. Solemos oír los términos *bendecir* o *bendición* cada vez que vamos a la iglesia; pedimos a Dios que bendiga a nuestros padres, nuestro día en la escuela, y los guisantes que nos vamos a comer; es algo que tu maestra dice cuando te oye estornudar.

No es de extrañar que el significado de la palabra bendición se haya diluido tanto hasta llegar a ser algo como: "¡que tengas un buen día!" Así pues, no es raro que muchos cristianos ¡no estén tan desesperados como Jabes para recibirla!

Bendecir en el sentido bíblico quiere decir pedir un favor sobrenatural. Cuando suplicamos la bendición de Dios, no solicitamos más de lo que nos es posible conseguir. Por eso la Biblia dice: "La bendición del Señor es nuestra mayor riqueza; todo nuestro afán nada le añade" (Proverbios 10:22 [La Biblia al Día]).

Déjame decirte algo más sobre la bendición; una bendición de Dios es algo que tú puedes sentir. Cuando Dios te concede los deseos de tu corazón, puede ser que Él te dé "algo", pero Él siempre está intentando alcanzar *tu corazón*.

Imagínate que tú eres un vaso vacío situado encima de un muelle en un precioso lago. El sol empieza a calentar, estás acalorado y sediento. "¡Uf, me bebería

todo el lago!" —exclamas. Entonces, se te acerca Dios y te llena hasta el borde de agua fría y refrescante. Ahora tú estás satisfecho, y no necesitas ni quieres ni una gota más.

Esa es la sensación más parecida a la bendición de Dios.

Dios siempre bendice con un propósito.

Si piensas en ello, esto explica el porqué algunas personas pobres que tú conoces son las personas más felices que jamás hayas conocido; su vaso está lleno. Y por qué algunas personas muy ricas que has conocido tienen muchas cosas materiales pero están todavía insatisfechas.

Me he dado cuenta de algo más: la gente que verdaderamente está bendecida va por ahí bendiciendo a otros. Dios siempre bendice con un propósito. Él quiere su bondad para bendecirte, para después fluir hacia otros a través de ti. Orar por la bendición de Dios no quiere decir pedir más cosas para poder gastarlas en nosotros mismos, significa pedir el favor de Dios para que podamos servirle mejor y ser una bendición para otros.

¿Quieres las bendiciones de Dios y las quieres en *verdad?* Están ahí esperando ser tuyas.

Pero hay una trampa.

Tienes que pedir

¿Qué pasa si descubres que Dios pensaba enviarte veintitrés bendiciones específicas en el día de hoy, y apenas recibiste una? ¿Cuál supones que haya podido ser el motivo de ello?

Hay un relato acerca de un tal señor Pérez que muere y llega al cielo. Pedro le espera en la puerta para hacer un recorrido. El cielo es un lugar bastante sorprendente, pero en medio de las deslumbrantes vistas, el señor Pérez nota un edificio de aspecto extraño, algo parecido a una enorme bodega. Cuando pide ver el interior, Pedro vacila.

—Bueno, en realidad usted no va a querer ver lo que hay allí —le dice al recién llegado.

Pero el señor Pérez no se puede aguantar sin saber el secreto. *¿Qué podría estar esperándome allí?,* se pregunta. Así que siguió discutiendo hasta que su guía le llevó allí.

Cuando Pedro abre la puerta, el señor Pérez casi le golpea en su prisa por entrar. Lo que él ve es fila tras fila de estantes, desde el piso hasta el techo, atestados de cajas blancas atadas con cintas rojas.

—Todas estas cajas tienen un nombre escrito —musita el señor Pérez en voz alta. Luego se dirige a Pedro y le dice—: ¿habrá una para mí?

—Por supuesto —dice Pedro. Después intenta que el señor Pérez salga de ahí. Pero el señor Pérez se resiste y se lanza hacia el pasillo "P". Hay solo 640 mil millones de Pérez en el cielo, así que no le lleva mucho tiempo encontrar su caja. Pedro le alcanza justo cuando está quitando el lazo rojo de su caja y hace saltar la tapa. Al mirar su interior, el señor Pérez lo reconoce al instante, y deja escapar un suspiro como los que Pedro suele oír muchas veces.

Porque allí en la caja blanca del señor Pérez, están todas las bendiciones que el Señor quiso darle mientras estaba en la tierra, pero el señor Pérez nunca las pidió.

¡No pierdas la idea principal en esta historia!

"Si no tienen lo que desean es porque no se lo piden a Dios", dice la Biblia (Santiago 4:2). "Pedid, y se os dará.... ¿Qué hombre hay entre vosotros que si su hijo le pide pan, le dará una piedra ... pues si vosotros, siendo malos, sabéis dar buenas dádivas a vuestros hijos, *¿cuánto más su Padre que está en los cielos dará buenas cosas a los que le piden?*"(Mateo 7:7,9,11, énfasis del autor)

Mira, incluso no habiendo límite para la bondad de Dios, si tú no le pediste una bendición ayer, no conseguiste todo lo que Él quería darte.

Esta es la trampa: si no pides las bendiciones del Señor, perderás las otras que te llegarán solo pidiendo. Las bendiciones de Dios en nuestra vida están limitadas solo por nosotros, no por sus recursos, poder o disposición para dar.

Si tú dudas de que Dios pueda ser así de generoso, quizá tengas que conocer todavía al Dios verdadero…

La naturaleza de Dios es bendecir

Quizá cuando oras todavía hablas con un Dios tacaño, salido de un cuento que te inventaste cuando eras pequeño. Quizá el Dios que viene a tu mente es un

clon de alguien malvado y enojado, y quizá nunca le
has pedido a Dios que Él mismo se te presente.

Moisés lo hizo; él le pidió a Dios: "Te ruego que
me muestres tu gloria"(Éxodo 33:18), y Dios le respondió. Escucha cómo Dios se describe a sí mismo:
"(Yo soy) el Señor. El Señor, Dios compasivo y cle-
mente, lento para la ira y abundante en misericordia
y verdad" (Éxodo 34:6). Este es el autorretrato de
Dios, y es increíble ¿no crees? Él es la persona más
maravillosa de todo el universo, la cual quisiéramos
tener siempre a nuestro lado. Si tomaras las mejores
características de todos tus amigos y las multiplicaras
por mil, ¡solo entonces empezarías a tener un amigo
que se parecería un poco a Dios!

Jabes creció oyendo hablar del Dios de Moisés, el
Dios que liberó a Israel de la esclavitud de Egipto, les
protegió hasta el Mar Rojo y les dio la Tierra Prometida. Si Dios pudo hacer todo eso, también podría sa-
carle partido a la vida ordinaria de un muchacho
como él.

Debido a que Jabes conocía la verdad acerca de quién era su Dios, no le dijo a Dios lo que le tenía que dar, sino que dejó que fuera Dios quien decidiera cuál sería su bendición. De igual forma, podemos pedirle a Dios con confianza que nos bendiga y dejarle a Él los detalles.

Dios quiere bendecirnos a ti y a mí porque *bendecir forma parte de su naturaleza*. Por eso es que necesitas hacer un compromiso de por vida de pedirle a Dios todos los días que te bendiga, y mientras Él lo cumple, ¡que la bendición sea *abundante y generosa!*

Quizá pienses que tu nombre es simplemente otro sinónimo de dolor o problemas. Amigo, la oración de Jabes es para ti. Jabes, el señor Dolor en persona, cambió su vida porque rechazó el permitir que ningún obstáculo, persona u opinión se viera más grande que la verdadera personalidad de Dios.

Y la personalidad de Dios es dar, y volver a dar, ¡a alguien como tú!

Con una simple oración, puedes escapar de tu pasado. Tú puedes cambiar lo que suceda a partir de ahora mismo.

El Millón de Jabes. Están ahí para algo grande.

OH, SI ENSANCHARAS

MI TERRITORIO

nacido
para algo más

Estaba tan desesperado por conseguir dinero para mis citas, que conseguí un trabajo en una cárcel de pollos. Era mi primer trabajo pagado y realmente quería hacerlo bien. Pero como te puedes imaginar, la cárcel (está bien, era una granja de gallinas) era un lugar terrible. Podías olerlo a un kilómetro de distancia. El enorme cobertizo de metal estaba lleno de jaulas de alambre que colgaban, cada jaula estaba llena de docenas de pollos enfadados con nada que hacer salvo comer, picotearse unos a otros, piar a todo pulmón y poner huevos. Mi trabajo consistía en recoger huevos lo más rápido posible y mantener cerradas las jaulas.

Desde el primer instante en que entré en ese lugar, sabía que mi vida estaba en peligro. A esas gallinas no les gustaba que yo les robara sus huevos. Después de solo cinco minutos, se me cayó uno; dos mil ojitos brillantes me hicieron saber que si se dieran alguna vez a la fuga, yo sería alimento para los pollos.

Después de estar una hora recogiendo y amontonando huevos, descubrí que era alérgico a las plumas. Cuando no estaba recogiendo, me estaba sonando la nariz, y cuando no me estaba sonando la nariz, estaba estornudando y haciendo malabares con los huevos.

Los minutos se me hacían horas. No podía creer que mi vida hubiera llegado hasta esto: pollos piando, plumas volando, huevos rodando y yo estornudando.

¿Te ha sucedido alguna vez algo parecido, cuando miras a tu vida y piensas: *¿Es esto a lo que ha llegado mi vida? ¿Es esto todo lo que va a llegar a ser?*

Jabes debió haber tenido algún momento como ese. Debido a que los miembros de su familia eran granjeros o ganaderos, debía pasar mucho tiempo preguntándose: *¿Va a ser esta toda la historia de mi vida?*

¿Es esto a lo que **ha llegado mi vida?** ¿Es esto todo lo que va a llegar a ser?

La respuesta era sencilla. *Sí... ¡a menos que consiga alguna ayuda!*

Es entonces cuando decide pedir más. En la segunda parte de su oración, él rogó: "Ensancha mi territorio".

"¡Yo nací para algo más que esto!"

Dependiendo de la traducción de la Biblia que leas, territorio se puede traducir por *costa* o *fronteras*. Para Jabes, esta palabra significó tanto como las palabras nuevos territorios o frontera significaron para los pioneros estadounidenses. Describía un lugar propio con espacio suficiente como para desarrollarse y crecer.

Así que cuando Jabes oró por un territorio más grande, estaba pidiéndole a Dios una subida, una promoción, una vida mejor y más grande... todo en uno. ¿Por qué? Porque Jabes sabía que el tamaño de su territorio se equiparaba exactamente al tamaño de su oportunidad. Y la pequeña parcela de terreno que

estaba viendo ahora no era suficiente, él quería más. De hecho, él sintió en lo más profundo de su corazón que había nacido para algo más.

Y tenía razón. Él vivió en un tiempo en la historia de Israel en la que los judíos todavía estaban tomando la Tierra Prometida. Dios les había dicho que tomaran toda la tierra; sin embargo, siete veces en el mismo capítulo (Jueces 1), podemos leer que las tribus de Israel fallaron en poseer (ni siquiera lo intentaron) toda la tierra que Dios había prometido darles.

¿Te puedes imaginar lo decepcionado que debería estar Dios con los sueños tan pequeños de su pueblo? ¿Ves ahora por qué la oración de Jabes fue exactamente el tipo de oración que Dios estaba esperando oír?

Igual que es muy raro escuchar a alguien orar: "Dios, por favor, *bendíceme*" también lo es oír a alguien rogar: "Dios, por favor *dame más territorio*". ¿Por qué? Quizá porque pensamos que nuestras vidas ya están demasiado llenas, o porque es más fácil conformarnos con lo que ya tenemos, incluso cuando no nos gusta; algunos de nosotros nos conformamos con recoger huevos.

OH, SI ENSANC

Pero Dios quiere que nosotros estemos dispuestos a recibir todo lo que Él quiere darnos y hacer a través de nosotros. Después de todo, ¡su reputación y sus buenos planes para el mundo están en juego!

Jabes nació para algo más, y su historia lo prueba.

Yo nací para algo más, y mi historia lo prueba. Ni siquiera aguanté una mañana; mi jefe me vio estornudando e intentando sostener los huevos; después me dio la noticia. Mi carrera como recogedor de huevos se acabó. ¡Perdí mi primer trabajo el mismo día que lo empecé!

Tú también naciste para algo más, y justo ahora, Dios está esperando probarlo. La Biblia dice: "Cosas que ojo no vio, oído no oyó, ni han entrado al corazón del hombre, son las cosas que Dios ha preparado para los que le aman" (I Corintios 2:9).

Así que la siguiente buena pregunta es: "¿qué podría significar 'más' en mi vida?"

La tierra que establece tus límites

Del mismo modo que Dios te bendice *con un propósito,* Él quiere engrandecer tu territorio *con un propósito.*

Mi palabra favorita para "tomar territorio" es ministerio. Pero no dejes que esta palabra te asuste, ministerio es solo una gran palabra para lo que ocurre cuando Dios te usa para alcanzar a alguien. Cuando esto ocurre, lo sabes, y es la experiencia más emocionante y significativa del planeta.

¿Quiere decir esto que tienes que dejarlo todo y convertirte en un predicador? Probablemente no.

Conozco a corredores de bolsa que oran para que Dios incremente el valor de sus inversiones de tal manera, que sus clientes *sepan* que fue Dios quien lo hizo. Conozco madrastras y profesoras, almacenistas y jugadores de fútbol que oran cada día para tomar más territorio para Dios.

Dios generalmente ensancha tu territorio primero incrementando la influencia personal *que ya tienes.* Él te usará para ministrar a aquellos cuyas "tierras" hacen frontera con las tuyas: familia, vecinos, amigos, chicos que conoces en la escuela, gente que conoces en la iglesia o en tu trabajo.

Ves, todos tenemos territorios, y Dios quiere incrementar y agrandar el tuyo, sin tener en cuenta tu edad o tus habilidades.

"Doctor Wilkinson, usted no se imagina lo tímida que soy —me escribió Sara recientemente—. Pero déjeme contarle lo que pasó en mi escuela desde que empecé a pedirle a Dios una vida mejor. Una chica que se llama Cristina se me acercó hace cosa de un mes y parecía que quería hablar conmigo. Yo le pedí a

Mi palabra favorita para "tomar territorio" es ministerio.
Pero no dejes que esta palabra te asuste.

Dios que me ayudara, y básicamente me dediqué a escucharla la mayor parte del tiempo. Desde entonces, esta chica fue la causante de que otras tres chicas quisieran hablar conmigo. Dos de ellas ahora son cristianas ¡y creo que Cristina va a ser la siguiente!"

Sin importar tus circunstancias, tu oración por una vida mejor, con más influencia y más resultados, podría decirse de la siguiente forma:

¡Oh Dios, quiero hacer grandes cosas para ti! Por favor Señor, aumenta mis oportunidades y mi influencia porque quiero tocar más vidas para ti.

"Hola, soy tu Cita Jabes"

Cuando empiezas a orar por más ministerio, empezarás a tener encuentros inesperados. Te sentirás como si Dios estuviera mirando el transcurso de tu día y el de alguna otra persona para ver en qué punto pudiera cruzarles sus caminos, diciendo: "Humm, creo que voy a hacer que se conozcan justo… *aquí.*

Yo llamo a eso las citas estilo de Jabes. Algunas veces estos encuentros serán con gente que ya conoces, pero otras veces aparecerá en tu camino alguna persona que no conocías, o en el asiento de al lado, y sabrás que Dios los puso ahí.

"El último día de la semana de vacaciones de primavera, me desperté por la mañana y me puse a orar para que ese fuera un día Jabes —escribe Belén—. Por cierto, oré específicamente para que Dios me usara para testificar en el avión de mi viaje de vuelta a casa. Pues bien, en el avión me senté al lado de un hombre, el cual se fijó en un libro que yo estaba leyendo llamado *Razones por las que creer*".

Esto provocó una conversación y el hombre le preguntó a Belén sobre qué se trataba ese libro. "Yo hice todo lo posible para explicárselo sin que sonara ridículo" —decía Belén. Después de explicarle que se trataba de un estudio del autor sobre la vida de Jesús, el hombre dijo que a él también le gustaría leer el libro. Aprovechando la oportunidad, ella le regaló su libro y el hombre empezó a leerlo. "Desde entonces he estado orando por él" —decía Belén.

Belén tuvo su cita estilo de Jabes.

Una tarde Darlene oyó que alguien llamaba a la puerta de nuestra casa. Ella había estado pidiéndole a Dios que le ayudara a alcanzar a alguien del vecindario. Cuando Darlene abrió la puerta, se encontró a una señora que estaba llorando.

—Señora —dijo ella—, yo realmente no la conozco, pero mi marido se está muriendo y no tengo a nadie a quien recurrir. ¿Podría ayudarme?

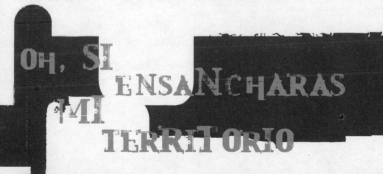

Darlene tuvo una cita estilo de Jabes.

Yo he tenido citas estilo de Jabes en aeropuertos, ascensores, y partidos de fútbol, y parece que siempre siguen un cierto modelo:

1. Pídele a Dios que ensanche tu frontera hoy. Pídele que te muestre tu cita.

2. Mantén los ojos despiertos y el corazón abierto (¡Dios está lleno de sorpresas!).

3. Cuando creas que una persona puede que sea tu cita, dile: "¿puedo ayudarte en algo?" Quizá se sorprendan en un principio, pero, por lo general, te dirán exactamente en qué puedes ayudarles.

4. Mientras estás hablándole a esa persona, continúa pidiéndole a Dios que obre a través de ti. Recuerda que el trabajo es de Dios. No tienes que hacer que algo suceda ni fingir ser alguien que no eres.

5. Cuando acabes, escribe lo que pasó para que puedas recordarlo y aprender de ello.

6. Dale gracias a Dios por ensanchar tus fronteras, y sigue orando.

Puedes confiar en que Dios nunca pondrá a nadie en tu camino al cual no puedas ayudar. Dios siempre te mostrará qué hacer y te ayudará a hacerlo.

Teniendo esto en mente, ¿estás preparado para pedirle a Dios algo enorme, algo exorbitante, como por ejemplo una isla tropical?

Yo conozco a algunos estudiantes colegas míos que lo han hecho.

Pidan la isla de Trinidad y un DC-10

Hace algunos años, mientras hablaba en una gran universidad cristiana en California, desafié a los estudiantes a orar la oración de Jabes para que pidieran más bendiciones y mayores influencias. Sugerí al cuerpo estudiantil de dos mil miembros que fijaran un objetivo ministerial grande, algo digno de la capacidad de su universidad.

Les sugerí:

—Miren el mapamundi y elijan una isla. Cuando la hayan escogido, reúnan un equipo de estudiantes, en una aerolínea alquilen un avión para un vuelo privado, y luego vayan a la isla y tómenla para Dios.

Algunos estudiantes se rieron, otros pensaron que estaba loco, pero la gran mayoría escuchó, así que yo seguí hablando. Recientemente, estuve en la isla de Trinidad, en la costa de Sudamérica, así que les describí algunas de las necesidades que vi allí.

—Pídanle a Dios que les dé la isla Trinidad —y agregué—: y también un DC-10.

Sin embargo, no conseguí seguidores inmediatos.

Con todo, mi radical proposición les dio que pensar a muchos estudiantes. La mayoría de ellos me di-

Algunos estudiantes se rieron.
Otros pensaron que estaba loco.

jeron que querían usar sus talentos y su tiempo para Dios, pero que no sabían por dónde empezar. Hicieron una lista con todo lo que no tenían: habilidades, dinero, coraje, etc.

Dediqué mucho tiempo de aquella semana haciendo una pregunta: *Dios nos ama infinitamente y nos quiere en su presencia en todo momento, y si sabe que el cielo es un sitio mucho mejor, entonces ¿por qué nos deja aquí sobre la tierra?* La mayoría de los estudiantes no estaban del todo seguros. Nunca antes habían pensado en ello. Con

cada alumno, procuré dar la que creí que era una respuesta bíblica a ese interrogante: *Porque Dios quiere que*
muevas los límites de tus fronteras, que tomes un territorio nue-
vo para Él, y pudiera ser una isla...

Dios estaba en la obra. Una semana después de
regresar a mi hogar, recibí una carta de un estudiante
llamado Warren. Me decía que él y su amigo Dave
decidieron aceptar el reto ante el poder de Dios y pedirle que los bendijera y que ensanchara sus fronteras.
Específicamente, oraron para que Dios les diera la
oportunidad de testificar ante el gobernador de California *ese fin de semana*. Pusieron sus sacos de dormir en
el auto de Warren, un modelo del 63, y condujeron
640 km hasta la capital para tocar las puertas.

La carta continuaba:

Para el domingo en la noche, cuando regresa-
mos de Sacramento, sucedió esto:

Pudimos hablar de nuestra fe a dos em-
pleados en una gasolinera, a cuatro guardias
de seguridad, al jefe de la Guardia Nacional
de los Estados Unidos, al director del Departa-
mento de Salud, Educación y Bienestar Social
del Estado de Caifornia, al jefe de la Patrulla de

Carreteras de California, al secretario del gobernador y por último, al mismo gobernador.

A medida que Dios nos permite crecer, estamos agradecidos a Él, pero al mismo tiempo sentimos que morimos de miedo. ¡Otra vez gracias por desafiarnos!

Esto no fue sino el principio. En las semanas y meses que siguieron, la visión para ensanchar los territorios inundó el recinto de la universidad. En el otoño, un equipo estudiantil dirigido por Warren y Dave habían organizado un gran proyecto misionero para el verano siguiente. Lo denominaron Operación Jabes. El objetivo: reunir un grupo autofinanciado de estudiantes como obreros cristianos, alquilar un avión y —lo adivinaron, ¿verdad?— volar a la isla de Trinidad para ministrar allí todo un verano.

Y exactamente así lo hicieron. En efecto, 126 personas, en su mayoría estudiantes y unos pocos profesores universitarios, constituyeron el grupo de misioneros. Cuando el avión despegó con su carga completa desde Los Ángeles, la Operación Jabes tenía equipos entrenados para ministrar por medio de dramas, construcción, deportes, escuela bíblica de vacaciones,

OH, SI ENSANCHARAS

música y visita a los hogares. El rector de la universidad designó a la Operación Jabes como la empresa más significativa para el ministerio estudiantil en toda la historia de la institución.

Dos estudiantes le pidieron a Dios que ensanchara su territorio, ¡y Él así lo hizo! Una pequeña oración cambió los límites de las fronteras. Una pequeña oración tocó las vidas de miles de personas.

Asiento de primera fila

Orar por el ensanchamiento de las fronteras es pedir un milagro, así de simple.

¿Crees que todavía pueden ocurrir milagros? Muchos cristianos a quienes he conocido, no lo creen. A menudo ocurre esto porque confunden los milagros con la magia. Hay que recordarles que los milagros no tienen que quebrantar las leyes de la naturaleza para que sean un suceso sobrenatural. Cuando Cristo calmó la tormenta, no puso a un lado las leyes de la naturaleza, la tormenta finalmente se habría aquietado por sí misma. En lugar de eso, Jesús gobernó y encauzó el patrón meteorológico. Cuando Elías oró para que la lluvia cesara, Dios no hizo desaparecer las nubes instantáneamente, sino que reguló el ciclo natural de sequía y lluvia.

Dios está listo para obrar milagros en tu vida. Solo asegúrate de estar buscando al Dios auténtico, y no a un Dios "mágico" o de ficción. Un Dios ficticio transformará a un chico blanco y bajito de Manitoba en Michael Jordan. O puede hacer que ese dolor por causa de que tus padres se hayan divorciado y vuelto a casar por separado, ¡puff! de pronto desaparezca. O puede hacer que consigas un sobresaliente en álgebra cuando no fuiste ni una sola vez a clase.

Pero el Dios verdadero hace milagros de otra clase, Él...

- arreglará tu día para que te encuentres con la persona adecuada,
- te dará palabras para hablar cuando no te venga ninguna a la mente,
- te dará una sabiduría que ni tú sabías que tenías,
- te proveerá el dinero que necesitas,
- te hará sentir fuerte cuando te sientas débil,
- te cambiará internamente,
- obrará a través de ti aún cuando tú serás el mismo,

- te amará siempre, incluso cuando te sientas como un pegote de barro en el zapato de alguien.

Los milagros que más regocijo han traído a mi vida siempre comenzaron con una audaz petición para que Dios otorgara una *mayor* y gran expansión a su reino. Si das pasos pequeños, no necesitas a Dios, pero cuando te arrojas a la corriente del río de sus planes y le pides más ministerio, Dios comienza a obrar en todo tu alrededor.

Cuando Él lo hace, tendrás un asiento de primera fila en una vida de milagros. Es más emocionante de lo que pudieras soñar, pero como estás a punto de descubrir, también puede asustarte un poco…

Cuando Dios comienza a obrar tú tendrás un **asiento de primera** fila en una vida de **milagros**.

OH, SI TU MANO ESTUVIERA CONMIGO

la fuente de poder

Cuando le pides a Dios que expanda tus fronteras, Él
las ensanchará hasta el borde de tu zona cómoda, y
después *seguirá* adelante.

Empezará a poner delante de ti posibilidades en las
que nunca antes habías pensado. Te pedirá que hagas
cosas que nunca habías hecho, y que sabes bien que no
podrías hacerlas. Sentirás que Él te lleva al borde de un
precipicio y te dice: "vamos a dar una vuelta".

Es ahí cuando conocerás al gigante del temor, y
querrás correr, darte la vuelta y decir que todo fue un
error.

Si no lo crees pregúntale a Ben. Él me dijo que
Dios contestó sus peticiones por más territorio dándo-
le posiciones de liderazgo en su escuela y en su comu-
nidad. Decía que su vida había cambiado completamente desde hacía un año, aunque ahora tenía un
nuevo problema.

"Desde que Dios expandió mi horizonte, he comenzado a preguntarme si tengo lo que se necesita para hacer esto. Algunas veces me siento desbordado y temeroso". Él quería saber qué hacer.

Otra persona escribió: "Estoy empezando a sentir la parte que más me asusta de la oración de Jabes. Una vez que las bendiciones empiezan a fluir, después que el territorio ha sido expandido, ¿qué viene luego? Si todavía no te has enfrentado al gigante del miedo, lo harás en breve, pero esto es lo que les digo a los jóvenes que han llegado hasta este punto: "¡Amigo, vas por buen camino! De hecho, ¡estás llegando a la mejor parte!"

¿Por qué? Es justo aquí, cuando sientes que has sobrepasado lo que puedes hacer, cuando comienzan los milagros. Justo en este momento es cuando comenzarás a ver a Dios obrar en tu vida de maneras en que solo lo has leído en libros o lo has oído contar a algún misionero.

Una vez que lo alcances, no querrás *nunca* volver atrás.

No puedo despojarme de este sentimiento

Aún recuerdo lo que ocurrió la primera vez que le pedí a Dios que expandiera *mucho* mis fronteras. Darlene y yo habíamos comenzado un pequeño ministerio de estudios bíblicos en el sótano de nuestra casa. Empezó a crecer y crecer, y pronto me pidieron que hablara, que dirigiera un grupo de trabajo, que publicara una revista, que empezara una empresa, etc.

Una mañana me desperté y supe con certeza que la cosa estaba creciendo demasiado. No podía despojarme del sentimiento de que Dios había cometido un error, ya que, después de todo, yo solo estaba preparado para enseñar la Biblia.

No podía despojarme del sentimiento de que Dios había cometido un error.

Decidí pedir consejo a un respetado maestro bíblico llamado John Mitchell. Él tenía alrededor de ochenta años por aquel entonces, y había sido un padre espiritual para miles de cristianos. Empecé a describir al doctor Mitchell lo que yo creía que Dios me estaba llamando a hacer, y después le dije que había descubierto que yo no podía hacerlo.

—Hijo —me dijo él— es cuestión de tiempo. El sentimiento que tienes ahora se llama dependencia de Dios. Es más, si pierdes este sentimiento durante mucho tiempo, correrás el riesgo de volverte autosuficiente. Es entonces cuando dejas de vivir por fe, y ¡será entonces cuando los milagros desaparezcan!

Esto me sorprendió mucho. Yo había acudido a él para que me ayudara a deshacerme de aquellos sentimientos.

—¿Está usted diciendo, doctor Mitchell, que el sentimiento de que no puedo hacerlo es el que se *supone* que debo tener?

—¡Claro que sí, jovencito! —respondió risueño—. Es lo único que está bien.

Es emocionante y algo que te asusta un poco, ¿no es cierto? Como hijos e hijas a quienes Dios ha bendecido, se espera que intentemos algo lo suficientemente grande como para que sea un fracaso garantizado… a menos que Dios intervenga.

Esto explica el porqué tomar nuevo territorio para Dios:

- te estimula a intentar algo nuevo,
- requiere más valor, capacidad, tiempo o dinero del que creías que tenías,
- te prepara para que te arriesgues a que te vean como si fueras tonto y perdedor, y
- parece imposible.

Lo admito, los héroes de las películas creen que la dependencia no es una buena idea, pero a ti y a mí se nos hizo para ella. Depender de Dios hace héroes de personas comunes como Jabes, tú o yo. ¿Cómo? Estamos obligados a orar la tercera parte de la pequeña e increíble oración de Jabes:

"¡Oh, si tu mano estuviera conmigo!"

Jabes al iniciar su oración no pidió que la mano de Dios estuviera con él. Cuando nos lanzamos para Dios pensamos que lo tenemos todo bajo control, pero cuando nuestras líneas fronterizas se ensanchan y crecen, es cuando necesitamos el poder, ¡y rápido!

Ese es el motivo que nos hace llamar la mano de Dios sobre nosotros "el toque de grandeza". No somos nosotros los que nos convertimos en grandes; llegamos a ser dependientes de la mano fuerte de Dios. Tu enorme necesidad le da a Dios una gran oportunidad de hacer algo emocionante, y entonces, Él viene a ser grande a través de ti.

Una escalera hacia las nubes

Un día, cuando nuestros chicos eran preescolares, Darlene y yo fuimos con ellos al parque de una gran ciudad al sur de California. Era la clase de parque que hace que un hombre adulto desee volver a ser niño. Tenía columpios, barras para micos, balancines pero la atracción más tentadora eran los toboganes, no solo uno, sino tres: pequeño, mediano y enorme. David, que tenía cinco años, arrancó como un tiro para el tobogán pequeño.

—¿Por qué no vas con él y lo acompañas? —sugirió mi esposa.

Pero tuve otra idea.

—Espera un momento —le dije—. Vamos a esperar y ver lo que pasa.

Así, pues, nos sentamos a descansar en un banco cercano y observamos. David subió hasta lo más alto de su tobogán, agitó la mano y luego, con un zumbido, se lanzó abajo. Sin problemas.

Se cambió al tobogán mediano. Había trepado la mitad de la escalera cuando se dio la vuelta y me miró. Yo hice como que no me daba cuenta; David lo pensó unos instantes y después cuidadosamente bajó la escalera de escalón en escalón.

—Cariño, deberías ir a ayudarle —dijo mi esposa.

—Todavía no —le respondí. Esperaba que mi sonrisa le hiciera darse cuenta de que no estaba descuidando a nuestro hijo.

David pasó unos minutos al pie del tobogán mediano y observaba cómo otros chicos subían, se lanzaban abajo y volvían corriendo para repetirlo de nuevo. Por último afirmó sus ideas y tomó una decisión, subió hasta lo más alto... y se dejó deslizar. En realidad lo hizo tres veces sin ni siquiera mirarnos.

Luego le observamos cuando se volvió y se dirigió hacia el más alto de los toboganes. Ahora Darlene estaba en verdad ansiosa.

a la clase de parque que hace que **un hombre adulto** desee volver a ser niño.

—Bruce, pienso que no debe deslizarse solo. ¿Qué crees?

—No —respondí con tanta calma como me era posible—. Pero no creo que lo haga. Esperemos a ver qué hace.

Cuando David llegó a la base del tobogán gigante, se volvió y llamó:

—¡Papito! —pero hice como que miraba de nuevo a lo lejos y simulé no haberle escuchado.

Miró hacia arriba, fija y detenidamente a la escalera. Para un niño, ese monstruoso tobogán parecería que llegaba hasta las nubes. Observó a un niño mayor que se arrojaba por el tobogán. Luego, contra todas las probabilidades, decidió intentarlo. Escalón por escalón, mano sobre mano, empezó a subir la escalera. No había subido ni una tercera parte del camino cuando se paralizó. En ese momento, un niño mayor venía detrás de él y le gritaba que siguiera, pero David no podía. No era capaz ni de subir ni de bajar, había llegado al punto de un fracaso seguro.

Me apresuré a ir hacia él.

—¿Estás bien, hijo? —le pregunté desde la parte baja de la escalera.

Me miró desde arriba, temblando y sujeto a la escalera para asegurar su vida. Yo sabía que tenía una pregunta preparada.

—Papi, ¿vendrás conmigo para deslizarnos juntos? —me dijo. El muchacho que estaba detrás perdía la paciencia, pero yo no quería perderme ese momento.

—¿Por qué? —le pregunté mientras le miraba con atención.

—No puedo hacerlo sin ti, papi —me respondió asustado y tembloroso—. ¡Es demasiado grande para mí!

Me estiré tan alto como pude para alcanzarlo y lo levanté en brazos. Luego, juntos, trepamos esa larga escalera, casi hasta las nubes. En lo alto, puse a mi hijo entre las piernas y lo estreché contra mi pecho. Nos empezamos a reír y luego nos deslizamos abajo, riéndonos todo el camino.

Esto es a lo que se parece la mano de Dios.

Tú intentas algo que es demasiado grande para ti. Podrías fallar, o podrías orar, así que decides orar: "¡Padre, por favor haz esto en mí porque no puedo hacerlo solo! ¡Es demasiado grande para mí!" Después das un paso de fe para hacer y decir cosas que podrían ocurrir solo con su poder.

Después gritarás: "¡Dios lo hizo, nadie más! Dios me llevó en brazos, me dio las palabras, me dio el poder, ¡es asombroso!"

Su mano, su Espíritu

La mano del Señor es un término bíblico que expresa el poder y la presencia de Dios en las vidas de quienes forman su pueblo (Josué 4:24; Isaías 59:1). En el libro de los Hechos, la rápida difusión del cristianismo se atribuyó a una cosa: "La mano del Señor estaba con ellos, y un gran número creyó y se convirtió al Señor" (Hechos 11:21). La "mano del Señor" es otra manera de referirse al poder del Espíritu Santo.

Los primeros cristianos pasaron mucho tiempo orando juntos, esperando en Dios y pidiéndole su poder (ver Hechos 2:42-47 y 4:23-31). ¿Por qué? Porque sus fronteras habían sido expandidas *a todo el mundo*. Jesús les dijo: "Id por todo el mundo y predicad el evangelio" (Marcos 16:15). ¡Eso sí que es llegar a ese punto del fracaso seguro! El trabajo de los discípulos era claramente imposible.

Sin embargo, cuando el Espíritu Santo les llenó, esos hombres comunes se atrevieron a testificar a todos y cada uno (Hechos 1:8). Cuando los demás vieron lo que ocurría, supieron que Dios estaba obrando. La Biblia dice: "Al ver la confianza de Pedro y Juan, y dándose cuenta de que eran hombres sin letras y preparación, se maravillaban y reconocían que ellos habían estado con Jesús " (Hechos 4:13). ¿Cuándo fue la última vez que le suplicaste a Dios: "¡Señor, por favor, pon tu mano sobre mí! Lléname con tu Espíritu"? ¿Cuándo fue la última vez que lo hizo tu grupo de jóvenes?

Una vez que consigues esa llenura y poder, estás listo para triunfar en algo grande y fuera de tu alcance, en algo en lo que todo el mundo reconocerá que *solo* Dios pudo haberlo hecho.

Quiero que conozcas a algunos chicos que un verano decidieron poner la reputación de Dios en juego… y ver lo que Él haría.

Doce jóvenes y una maleta llena de trucos

Cuando era pastor de jóvenes de una iglesia creciente en Nueva Jersey, doce jóvenes de escuela secundaria me demostraron que la mano de Dios está disponible para todo creyente que la pida. Esto es lo que ocurrió:

Después de orar la mayor parte del año escolar por un proyecto ministerial para el verano, decidimos hacer seis semanas de evangelización para jóvenes en los suburbios de Long Island, Nueva York. ¿Cuántos chicos podríamos alcanzar en total para Cristo? No lo sabíamos, solo sabíamos que iban a ser muchos.

Elaboramos una estrategia de trabajo dividida en tres secciones. Primero, comenzaríamos con estudios bíblicos en los patios traseros; por la tarde evangelizaríamos en la playa y después, en las noches, nos dedicaríamos al alcance y extensión por medio de las iglesias locales. En apariencia es simple, pero no es necesario enfatizar que los miembros del equipo, incluido el pastor de jóvenes, se sentían abrumados por el tamaño de la tarea.

Invitamos para esta actividad a un ministro de jóvenes a fin de que nos preparara para la tarea. Nos dijo que si reuníamos a trece o catorce muchachos para organizar un círculo o "club" para los estudios bíblicos que se darían en los patios traseros, sería un éxito formidable. Pero mientras él hablaba, yo sentí que Dios nos estaba llamando a orar por un número específico de corazones transformados, un número que probara que solo Él pudo haberlo hecho.

Cuando él se fue, le dije al grupo: "Si no tenemos siquiera cien jóvenes en cada club para el fin de semana, habría que considerar el esfuerzo como un completo fracaso". De repente todos sentimos la necesidad imperiosa de arrodillarnos y orar.

Nunca podría olvidar esas maravillosas oraciones. "Señor, por favor, te rogamos que nos bendigas" y "Señor sabemos que esto es superior a nuestras fuerzas, pero por favor ¡necesitamos como mínimo un centenar de muchachos!" y "Señor, por tu Espíritu, ¡derrama algo grande y maravilloso para tu gloria!"

Los padres solo decían que nuestro plan era imposible, y estoy seguro de que tenían razón, pero de pronto, todo comenzó a suceder. En la primera semana, cuatro de los seis equipos tenían más de un centenar de muchachos en las reuniones, y para el fin de semana, habíamos compartido las Buenas Nuevas con más de quinientos jóvenes.

Después, el esfuerzo evangelístico en Long Island efectuado en la playa comenzó. Traje un equipo de trucos para principiantes: "todo lo que se necesita para deslumbrar e impresionar a tus amigos". Después me quedé hasta las tres de la mañana aprendiendo cómo hacer "desaparecer" un huevo. Pero esa tarde

Estás justo donde **Dios te quiere** a una oración de **un milagro**.

ofrecimos nuestro espectáculo gratis de ilusionismo en la arena y rogábamos a Dios que su mano estuviese sobre nosotros.

Decidimos pedir al Señor treinta decisiones de salvación al terminar el primer día.

Nuestra audiencia creció de una simple fila de unos cuantos pequeños a más de ciento cincuenta espectadores. Los entretenimientos iban desde los actos de trucos más sencillos y elementales hasta representaciones teatrales de pasajes seleccionados de los Evangelios. Pronto, los adultos comenzaron a acercarse un poco más y finalmente, los grupos de muchachos aumentaban en nuestro público. A mediados de la tarde pudimos contar doscientos cincuenta, y cuando al finalizar dimos el desafío de la invitación, treinta personas aceptaron a Jesucristo como su Salvador y Señor personal, allí mismo en medio de la arena.

Una vez que establecimos nuestro ministerio de la playa, agregamos un programa por la tarde para la juventud en las iglesias locales. Dios bendijo cada esfuerzo más allá de todas nuestras expectativas, pero precisamente en línea con el alcance de nuestra oración de Jabes. Al fin de nuestra misión de seis semanas pudimos contar mil doscientos creyentes nuevos en Long Island.

¿Sabes qué más ocurrió? Doce estudiantes de secundaria regresaron a sus suburbios de Nueva Jersey convencidos de que nada hay imposible para *Dios y que Él puede hacerlo todo*. No pasó mucho tiempo de esto cuando un gran avivamiento comenzó en sus congregaciones.

¿Imposible? No, en absoluto. Todo porque doce estudiantes clamaron por bendiciones, por más territorio para la gloria de Dios y para que su mano de poder estuviese sobre ellos.

Jesús dijo: "Lo que es imposible para los hombres, es posible para Dios" (Lucas 18:27).

Justo donde Dios te quiere

¿Te has dado cuenta de que no importa la cantidad de sermones que hayamos escuchado sobre el poder de Dios para obrar a través nuestro, que seguimos sin entender esa pequeña palabra *a través?*

Es cierto, decimos que queremos que Dios obre a *través* nuestro, pero lo que realmente queremos decir *es por o en asociación con.* Lo que verdaderamente pensamos es: *Señor, déjame hacer esto con mi poder y habilidades, y tú solo añádele tu bendición.* Sin embargo, el trabajo de Dios solo se puede llevar a cabo por el poder de Dios. Por eso es que cuando los judíos volvieron de la cautividad, Dios les dijo: "No por el poder ni por la fuerza, sino por mi Espíritu —dice el Señor de los ejércitos" (Zacarías 4:6).

Por eso, cuando enfrentes tu momento de un fracaso seguro, cuando mires hacia abajo y pienses que estás a punto de caer, cuando sientas que vas a gritar "¡Oh, no!" a pleno pulmón, pídele a Dios que ponga su mano sobre ti.

Estás justo donde Dios te quiere… a un paso de una manera totalmente nueva de vivir, a una oración de un milagro.

Tu podrías ser uno de El Millón de Jabes.

OH, SI ME GUARDARAS DEL MAL

lecciones de gladiador

Tengo un dibujo que ilustra a un gladiador romano en graves problemas.

De alguna manera, el gladiador dejó caer su espada y tuvo que huir para salvar su vida. Un león hambriento, con sus garras listas y sus fauces abiertas, se lanza en el aire tras él. La multitud en la arena, puesta en pie, observa con horror porque ¡*saben* lo que ocurrirá después!

El titular que hay en la parte inferior del cuadro dice:

*A veces no podemos darnos el lujo de llegar
en segundo lugar.*

El dibujo me recuerda lo importante que es llegar primero cuando luchamos con la tentación. En este contexto, no hay un segundo lugar. El dibujo me recuerda también el plan tan extraño de Jabes para ganar.

Después de recibir bendiciones sobrenaturales, influencia y poder, Jabes podría haber pensado que podría enfrentar cualquier león y vencer, pero la cuarta parte de su oración nos enseña que él entendió las cosas de otra manera. Él sabía que tenía un enemigo peligroso y que necesitaba ayuda.

Por este motivo oró: "¡Oh, si en verdad me guardaras del mal para que no me causara dolor!"

En el capítulo anterior, rogaste por poder sobrenatural para obrar a través de tus debilidades. En este capítulo, aprenderás cómo pedir por auxilio sobrenatural para ser protegido del deseo que tiene Satanás de comerte para la merienda. Voy a enseñarte cómo funciona esta parte de la oración para los guerreros Jabes como tú y como yo. Será algo práctico, fácil de entender y, con la ayuda de Dios, ¡es sencillamente genial!

De las bendiciones a las luchas

Te debes estar preguntando por qué estamos hablando sobre la tentación y la maldad en un libro sobre la bendición, pero piensa en esto: una vez que empiezas a conquistar un nuevo territorio para Dios, adivina: ¿de quién es el territorio que estás invadiendo?

¡Correcto! De Satanás.

No estoy intentando atemorizarte porque Jesús murió por nuestros pecados y resucitó de la muerte; Satanás es un enemigo que ya ha sido derrotado. La Biblia dice: "Mayor es el que está en vosotros que el que está en el mundo" (1 Juan 4:4).

Pero Satanás aún está trabajando activamente en contra de los planes de Dios para el mundo y para ti. Cuanto más éxito de Jabes consigas, más te familiarizarás con las muestras del enemigo de que no eres bien recibido, como distracciones, tentaciones, oposición. Te darás cuenta y dirás: "Eh, hay alguien ahí fuera que odia a Dios y al que tampoco le gusta lo que estoy haciendo".

Pero Satanás no es el único problema. Nuestros deseos por las cosas incorrectas y nuestra naturaleza pecaminosa pueden meternos en problemas ¡sin ninguna ayuda adicional del enemigo! (ver Santiago 1:14).

Es por eso que la última petición de la oración de Jabes es tan importante.

La verdad es que si sientes que las tentaciones ya *no* te preocupan ni lo más mínimo, ¡deberías empezar a preocuparte!

Déjame ilustrarlo. Cuando estudiaba en el seminario, escuché una conversación que nunca olvidaré. Yo estaba de pie haciendo fila detrás de otro estudiante. Él estaba hablando con el doctor Howard Hendricks, que era mi profesor. El estudiante estaba emocionado contándole al doctor Hendricks lo bien que le iba la vida.

—Cuando llegué aquí por primera vez —comentaba— era objeto de tantas tentaciones y pruebas que a duras penas podía sostener la cabeza fuera del agua. Sin embargo, ahora, ¡gloria a Dios! Mi vida transcurre con normalidad. ¡Puedo decir que ya no he vuelto a ser tentado!

Recuerdo que yo pensé, *¡Caramba, yo daría cualquier cosa porque mi vida fuera así también!*

Pero en vez de mirar complacido, el profesor le miró profundamente alarmado; esa no es la reacción que el estudiante esperaba.

—Es lo peor que jamás podría oír —respondió el doctor Hendricks al sorprendido estudiante—. ¡Lo que me acabas de decir me demuestra que ya no estás más en la lucha! y que el diablo ya no tiene por qué preocuparse tanto por ti.

Las bendiciones **siempre** vienen con las luchas.

Cuando seguimos a Cristo, las bendiciones siempre vienen con las luchas. Por eso, orar para ser guardados del mal, es tan necesario si en verdad quieres seguir experimentando una vida verdaderamente bendecida.

Batalla aérea sobre Chicago

Estoy seguro de que descubrirás, al igual que yo, que cuando más necesites esta oración será cuando te sientas cansado o con estrés. Quizá, para ti pueda ser después de los exámenes finales, cuando te sientes bajo presión en casa, o después que te hayas quedado hasta muy tarde con tus amigos. Para mí, muchas veces es al término de varios días de algún trabajo ministerial que demanda mucho.

Años atrás, tomé un taxi en el centro de Chicago que me llevó rumbo al aeropuerto. Me recosté en el asiento, contento por volver a casa. Había sido el conferenciante invitado durante una semana en un Instituto Bíblico de la ciudad. Dios se había movido de maneras muy notables. También tuve que dar consejería a un buen número de estudiantes, setenta y seis para ser exacto (para mí era un récord), por lo cual ahora estaba exhausto. Mientras miraba el tráfico, eché mano de la oración de Jabes.

"Oh Señor"–supliqué– *"me siento sin resistencia. Todas las energías las entregué a tu servicio. No podría enfrentarme con ninguna tentación. Por favor, te ruego que apartes el mal de mí hoy".*

Cuando abordé el avión, me di cuenta de que me tocaba un puesto en el centro de una fila, ¡y odio los asientos del medio! Las cosas empeoraron más, pues el caballero que estaba sentado a mi izquierda sacó una revista pornográfica.

Yo miré hacia el otro lado y gemí. *"Señor* –oré– ¡pensé que habíamos hecho un trato!" Pero antes que el avión despegara, el hombre que estaba a mi derecha abrió su maletín y también sacó su propia publicación llena de obscenidades.

Cerré los ojos. *"Señor* –oré– *sabes muy bien que no tengo fuerzas para enfrentarme con todo esto hoy. ¡Por favor, líbrame de la tentación y aparta el mal lejos de mí!"*

El avión se elevó sobre Chicago. De repente, el pasajero a mi derecha masculló una maldición, dobló su revista y la guardó. Le miré para ver qué era lo que le había hecho cambiar de opinión, pero no noté nada, hasta donde puedo decir. Luego el hombre de la izquierda también maldijo y cerró su revista. De nuevo, no pude encontrar el motivo aparente de su decisión. ¡Dios contestó mi oración!

Estábamos sobre Indiana cuando comencé a reírme a carcajadas. Ambos me preguntaron qué era lo divertido.

—Señores —respondí—, ¡sé que no podrían creerme si les cuento!

El juego de mantenerse lejos

Piensa por un momento sobre cómo orar cuando te enfrentas a la tentación. ¿Pides principalmente por fortaleza para no caer en ella? No tiene nada de malo, pero no es la manera en que Jabes lo hizo.

Él no oró: "guárdame *cuando* esté en el mal", sino: "guárdame *del* mal".

Te das cuenta, Jabes entendió lo que el pobre gladiador no pudo entender: nuestra estrategia más importante para vencer al león rugiente es *permanecer fuera de la arena*. Jabes no pidió más lecciones de esgrima o coraje para luchar contra los leones.

Él oró para que le mantuviera totalmente alejado del mal.

OH, SI TÚ ME GUARDARAS DEL MAL

Jesús nos enseñó a orar también de esa manera. Cuando Jesús enseñó a sus amigos lo que llamamos el Padre Nuestro. Él dijo: "Cuando oréis decid.... y no nos metas en tentación" (Lucas 11:2-4).

Mira de nuevo esa oración. No dice nada sobre pedir por un poder especial, solo "¡Por favor, guárdame de la tentación!"

¿Cuándo fue la última vez que oraste así? Del mismo modo que Dios *quiere* que pidas más bendiciones, más territorio y más poder, Él quiere que pidas para que te mantengas lejos del mal. Te prometo que cuando comiences a enfocarte menos en vencer la tentación y más en evitarla, ¡darás un enorme salto espiritual hacia delante!

Confiar en tus "armas" humanas puede convertirte en comida para gato

Ser tentado no es lo mismo que pecar, esta es otra de las mentiras de Satanás. Supongamos que eres tentado por un pecado sexual, o tentado a chismear o a tomar algo que de verdad quieres pero que no es tuyo. Si te quedas merodeando por estas tentaciones pensando que puedes vencerlas, ya estás tomando la decisión incorrecta. No estás en terreno neutral, estás en la arena, y un león enfurecido está listo para venir encima de ti. Es por eso que la Biblia nos dice que huyamos de la tentación (II Timoteo 2:22).

¿Crees todavía que eres un domador mundial de leones? Déjame mostrarte cómo el confiar en tus "armas" humanas puede convertirte en comida para gatos:

- *Tu sentido común puede meterte en problemas.* Mira lo que le pasó a Adán y Eva en el jardín del Edén. Sabían lo suficiente como para pensar que lo sabían todo, y Satanás los engañó para que desobedecieran a Dios.

- *Tus experiencias previas pueden meterte en problemas.* Solo porque una vez venciste la tentación no significa que lo podrás hacer también la próxima vez. El dolor más profundo que he visto en jóvenes cristianos es el de aquellos que experimentaron extraordinarias bendiciones, territorio y poder, para luego caer en serios pecados. La Biblia dice: "Miren que no caigan".

- *Tus sentimientos pueden meterte en problemas.*La mayoría de nosotros nos damos cuenta de esto muy pronto, pero aun así, realmente no lo creemos. Todavía intentamos arreglarnos de alguna manera. "Haz caso a tu corazón —nos dice el mundo—. Haz lo que creas que está bien". Pero tus deseos, necesidades y lujurias pueden convencerte de que algo está bien cuando realmente está mal.

Los guerreros Jabes vencen la tentación evitándola. Ellos oran cada día para que Dios les mantenga alejados del mal. Estas oraciones, pidiendo liberación, son las oraciones de los verdaderos campeones de Dios, y Él ama responderles.

El ataque PEYM de Ashley

Mi historia de las revistas pornográficas nos hace ver cómo Dios hace su parte para guardarnos de la tentación cuando se lo pedimos. La siguiente historia, nos enseña cómo puedes hacer tu parte para mantenerte alejado de la tentación. Después de todo, no tiene sentido pedir para no ser tentados si continuamos jugando con la tentación.

Déjame hacerte una pregunta: ¿Qué pasaría si tomaras algunas decisiones serias para cooperar con

Dios y quitarte de en medio tentaciones innecesarias que llegan a tu vida diariamente? Está bien, no se puede vivir encerrado en una burbuja, y Dios tampoco lo quiere, pero ¿qué tal si te deshaces de algunas cosas que obviamente son basura, aunque sea solo por unos días?

Ashley, una joven de Detroit, quiso averiguarlo. Decidió tomar el desafío PEYM. No, esta historia no tiene nada que ver con la marca de algún producto, PEYM significa "Preparación Espiritual Y Meditación". El desafío era ayunar de una semana a dos meses de libros, televisión, revistas, películas y música secular. El propósito de ayunar (abstenerse de algo por un período de tiempo) era prepararse para oír a Dios con más claridad.

Probablemente estarás pensando: "¡Eso suena a tortura!" Y es lo mismo que pensaba Ashley, al menos al principio. Esta es su historia:

> ¿Una semana entera sin mis programas favoritos, mis grupos favoritos y mis revistas favoritas? Sí, eso es. Este pensamiento me parecía insoportable, pero al cabo de unos días en los que Dios me estuvo dando tironcitos del corazón,

GUARDARAS
DEL MAL

supe que al menos debería intentarlo. Probablemente iba a ser capaz de detener toda la basura del mundo que poco a poco había dejado
que entrara en mi vida.

Así que empecé mi semana PEYM. Dejé a
un lado todos mis CDs de música secular;
adiós grupos musicales, hola Point of Grace y
Steven Curtis Chapman. Al control remoto del
televisor le di un descanso y me compré algunas novelas cristianas para que me ayudaran a
pasar el tiempo. También me compré un diario para escribir mis pensamientos y las cosas
que Dios me iba a enseñar durante la semana
de PEYM. Estaba lista para llevar mi relación
con Jesús a un nuevo nivel.

El primer día fue fácil, es más, lo disfruté.
Dios me reveló algunas cosas interesantes al
leer mi Biblia, cosas que no había visto antes o
que quizá las había pasado por alto delibera-
damente. Pensé: *esto no es tan duro.*

Pero estaba equivocada. Al día siguiente, al
mirar el reloj, me di cuenta de que era la hora a
la que empezaba mi programa favorito y yo ahí
sin poder verlo, haciendo PEYM. Me arrepentí
como nunca de haber hecho ese compromiso,

pero me resistí al enorme deseo de encender el televisor y en su lugar tomé mi diario y empecé a escribir lo que pensaba. De vez en cuando tomaba mi Biblia, y ¡caramba, era como encender la luz! Este fue uno de los mayores logros para mí.

Pero todavía no era fácil. Algunas veces realmente tenía que luchar contra el deseo de comprar un CD, o tenía que dejar una revista en su sitio, pero decidí seguir con el plan porque quería concentrarme en todo lo verdadero, lo digno, lo justo, lo puro, lo amable y lo que es honorable (Filipenses 4:8).

Los días restantes se me pasaron volando y me dio pena ver que se terminaba la semana. Algunos de mis amigos me preguntaron cómo me fue la semana, y mi respuesta era que el mantenerme alejada de todas aquellas influencias, me ayudó mucho a ver las cosas de una manera diferente. Cosas que pensaba que era correcto hacerlas, escucharlas, mirarlas o leerlas, ahora me parecían equivocadas. Me sentía diferente, y por eso, quería actuar diferente.

Dios usó aquellos siete días para cambiar mi vida. Ese tiempo encendió mi fe y abrió mis

ojos para ver a otros amigos que también nece-
sitaban un empujón espiritual. No siempre es
fácil, divertido o conveniente, pero cuando te
esfuerzas por mantenerte alejado de la basura,
puedes oír la voz de Dios y crecer en Él.

Ashley (la del PEYM)

Yo creo que a Jabes le habría gustado el plan
PEYM. Él quería ser libre de la esclavitud del pecado. Él
probablemente te diría: "permanece fuera de la arena
de la tentación siempre que te sea posible. Nunca vivas en
temor o derrota. Por el poder de Dios, tú puedes estar
limpio, seguro y en vías de conseguir ¡lo mejor y más increíble que Dios tiene para tu futuro!"

El pecado es un ladrón y un matón

Esto me lleva a mi último punto. *Solo el pecado puede
privarte de la bendición y el poder de Dios.* Mira, Satanás
no te tienta solo para poner un punto negro en tu his-
torial. Él quiere que caigas en pecado para poder ro-
barte tu bendición y detener los milagros que Dios
está haciendo en tu vida.

En última instancia, él quiere que peques porque
el pecado te hace daño.

Es por eso que Jabes termina su petición con estas palabras: "para que no me causara dolor". Algunas Biblias lo traducen así, "para que sea librado del dolor", o algo parecido. La razón de esta diferencia es que en el hebreo solo dice: "sin dolor", por eso puedes ver por qué los traductores lo pueden traducir de ambas formas y las dos ser correctas.

Pero no pierdas de vista la idea principal: *el pecado produce dolor*. De hecho, la Biblia dice: "La paga del pecado es muerte" (Romanos 6:23). Solo mira a los pastores y los líderes de jóvenes que caen en pecado. Tuvieron un gran comienzo, pero después decidieron que el león de la tentación no era más que un gato algo crecido; después, un día dejaron caer su espada, y lo siguiente que sabes de ellos es que están atrapados en las fauces del pecado, dejaron el ministerio e hirieron a mucha gente.

Jabes sabía que ceder a la tentación podría causar un gran daño, tanto a él como a otros, y por eso le pedía a Dios que le guardara de que esto le sucediera.

Tú necesitas hacer lo mismo. Pide a Dios que guarde la maldad lejos de ti, y haz tu parte cooperando con Él, manteniéndote tan lejos de la tentación como te sea posible. Después seguirás por tu camino hacia un lugar permanente en el cuadro de honor de Dios.

Y DIOS LE CONCEDIÓ LO QUE PIDIÓ

cómo apropiarte
de Jabes

Al comienzo de este libro, te hice una pregunta: *¿estás preparado para hacer una cosa que podría cambiar el resto de tu vida?*

Quería que vieras que Dios tiene esperándote una vida mucho más grande, más importante y más emocionante de lo que tú te podrías imaginar.

Así que, déjame preguntártelo de nuevo: ¿estás preparado para hacer una cosa que podría cambiar el resto de tu vida?

Si tu respuesta es sí, te propongo un plan muy sencillo. Parece muy común, pero no te dejes engañar, es parte de la revolución de Jabes, y puede ayudar a cambiar las vidas de millones de personas en todo el mundo.

"Mi nombre es Jabes…"

Durante los próximos treinta días, aprópiate de la oración de Jabes. Di: "mi nombre es Jabes, y esta es mi oración" y después, pídelo para ti. Aquí está mi plan para que orar la oración de Jabes sea un hábito y se convierta en parte de tu rutina diaria:

1. Cada mañana, haz la oración de Jabes.

2. Marca en un calendario cada día que la hagas para que veas lo bien que mantienes tu compromiso.

3. Escribe la oración de Jabes y pégala en algún lugar donde no la pierdas.

4. Vuelve a leer *La oración de Jabes para jóvenes* una vez a la semana durante cuatro semanas. Pídele a Dios que te muestre si hay algo importante que hayas pasado por alto.

5. Háblale a otra persona acerca de tu plan de treinta días. Pídele a él o ella que verifique los resultados.

6. Escribe un diario de tus aventuras de Jabes. Describe tus citas Jabes y escribe lo que estás aprendiendo.

7. Comienza a pronunciar la oración de Jabes por tu familia, tus amigos, tu iglesia, tu grupo de jóvenes y tu escuela.

Si pones en marcha este sencillo plan, desarrollarás un hábito permanente de alcanzar lo mejor de Dios.

Claro está que leer este plan, y ponerlo en práctica, son dos cosas muy diferentes. Puedes pegar la oración de Jabes en todas las paredes de tu casa y no sucederá nada. Puedes hablar acerca de ella, creerla, saberla, recomendarla, y no sucederá nada.

: "mi nombre es Jabes, y esta es mi oración".
Después pídelo para tu vida.

Pero cuando haces una cosa: *orar*, estás dando el primer paso en la dirección correcta, después otro, y otro, y el cambio sucede. Dios desatará su poder en tu vida.

El resto de la historia

En el primer capítulo de este libro relaté cómo me puse de pie en mi cocina y decidí hacer de la oración de Jabes una parte regular de mi vida espiritual. Déjame contarte ahora el resto de la historia.

A medida que transcurren los años, mi esposa y yo no hemos cesado nunca de hacer la oración de Jabes porque *¡Dios no ha cesado nunca de respondernos!* Primero el ministerio de enseñanza llamado Caminata Bíblica se hizo demasiado grande para nuestro sótano. Creció de veinticinco conferencias al año a más de cincuenta cada fin de semana; de publicar una revista, a diez (acabamos de publicar el millón de ejemplares).

Nuestras fronteras han crecido tanto que no hace mucho hicimos una pregunta: "Señor, ¿cuáles son tus fronteras? ¿Qué quieres hacer?"

Obviamente, los confines de Dios se extienden a toda la tierra , así que esto es por lo que hemos estado orando. *Oh Dios, permítenos alcanzar el mundo entero para ti.*

En enero de 1998, iniciamos WorldTeach (Enseñando al Mundo), un emocionante ministerio para maestros de Biblia en cada nación para enseñar a su propia gente. La meta a quince años es alcanzar y entrenar a 120.000 creyentes que enseñarían un nuevo curso bíblico cada año.

Dios responde a nuestros proyectos basados en Jabes más rápido de lo que nadie se podía imaginar jamás. En el año 2000, abrimos una nueva nación para WorldTeach cada diecisiete días (ahora mismo ya estamos en treinta y ocho países), y para mayo del 2001, nuestro número total de profesores ha crecido hasta cerca de nueve mil, tres mil profesores más de lo previsto.

Mientras se hacen los preparativos para imprimir "La oración de Jabes para jóvenes", yo estoy en Indonesia, ayudando a lanzar WorldTeach en el sureste de Asia. En esta nación musulmana, Dios nos ha permitido entrenar alrededor de mil profesores de World Teach en seis de las principales ciudades.

Lo que Dios está haciendo no se puede explicar en términos humanos, y nadie se puede atribuir los méritos de ello. Solo quiero que veas lo que sucede cuando gente común hace grandes oraciones, y da un paso hacia delante ¡para ver lo que Dios va a hacer!

Corre para ganar

¿Crees tú que Dios honra a algunos de sus hijos más que a otros? Yo sí. Él honró a Jabes por esperar con todo su corazón lo que Dios quería para él.

Dios está esperando honrar a la gente joven como tú que desea alcanzar una vida "más ilustre". (Como me dijo una vez un joven: "yo siempre he sabido que era una luz que esperaba brillar"). Cuando algún día estés delante de Él en el cielo, no querrás oír a Dios decir: "no estuvo mal", sino que querrás oír: "¡bien hecho!"

Decir que quieres ser más ilustre a los ojos de Dios no es orgullo o egocentrismo. Más ilustre es lo que Dios dijo acerca de Jabes, no lo que Jabes dijo acerca de sí mismo, así que cuando tú deseas estar en el cuadro de honor de Dios, le estarás complaciendo.

Porque tienes a Jesús, tú posees más recursos espirituales que los que tenía Jabes.

Me he dado cuenta de que ganar honor casi siempre significa salir de lo ordinario, mediocre y normal, pero no significa que de repente pasemos a ser supersantos. En la opinión de Dios, las personas más ilustres son la gente común que persigue con todo su corazón una vida más grande para Jesús.

"Una cosa hago —escribía Pablo— olvidando lo que queda atrás, y extendiéndome a lo que está

delante, prosigo hacia la meta, para obtener el premio
del supremo llamamiento de Dios en Cristo Jesús" (Filipenses 3:13-14).

La ventaja de Jesús

Mientras continúas haciendo la oración de Jabes,
nunca olvides la ventaja de Jesús. ¿Qué quiero decir
con eso? Piensa en esto; cuando Jabes vivía y hacía sus
oraciones, Jesús todavía no había venido a la tierra
para morir por nuestros pecados. Así que, a pesar de
que Jabes vivió antes en el tiempo y fue bendecido por
su oración, él no tuvo los beneficios espirituales que
vienen por conocer a Jesús.

Pero tú sí los tienes, y porque has conocido a Jesús, ahora tienes más recursos espirituales que Jabes,
ayudándote a que seas más ilustre. Esta es la ventaja
de Jesús.

Cuando Jabes le pidió a Dios que lo bendijera, él
no pudo recibir la bendición mayor de todas, que es
creer en Cristo y obtener la salvación eterna. *¡Pero tú
puedes!:* "El que cree en el Hijo tiene vida eterna"
(Juan 3:36).

Cuando Jabes le pidió a Dios que expandiera su
territorio, no pudo pedirle al Espíritu Santo que le

ayudara. *¡Pero tú sí puedes!* "Jesús les dijo... pero recibiréis poder cuando el Espíritu Santo venga sobre vosotros, y me seréis testigos" (Hechos 1:7-8).

Cuando Jabes le pidió a Dios que su mano estuviera sobre él, no pudo experimentar la gracia y el poder de Jesús en su debilidad. *¡Pero tú puedes!* Pablo escribió: "Él (Jesús) me ha dicho: Te basta mi gracia, pues mi poder se perfecciona en la debilidad. Por tanto, muy gustosamente me gloriaré más bien en mis debilidades, para que el poder de Cristo more en mí" (2 Corintios 12:9).

Cuando Jabes oró para ser guardado del mal, él no pudo clamar a Aquel que fue tentado como nosotros pero que nunca pecó. *¡Pero tú sí puedes!* "Pues por cuanto Él mismo fue tentado en el sufrimiento, es poderoso para socorrer a los que son tentados" (Hebreos 2:18).

Con mucha diferencia, el mejor lugar para encontrarse con Dios es conociendo bien a la persona de Jesucristo. El propósito de Dios de enviar a su Hijo, Jesús, a la tierra fue el de expresar su deseo de bendecirnos con la salvación y la vida eterna. Si tú no has conocido a Dios personalmente a través de Jesucristo y has aceptado su muerte por tus pecados, por favor, no esperes ni un minuto más. ¡Te estás perdiendo una de las bendiciones más grandes e importantes de todo el universo!

Agárrate fuerte

Ya te dije anteriormente que para vivir la vida de Jabes solo necesitas una cosa, aunque Mark, un joven de Oklahoma, cree que deberían ser dos. Él lo cuenta así:

> Todo lo que puedo decir son dos cosas. Número uno, *La oración de Jabes* debería venir con una etiqueta de advertencia. ¡Orar a nuestro Padre la oración de Jabes de una manera honesta y sincera produce milagros! Así es, milagros es lo que ocurre cada día en la vida de un cristiano que haga esta pequeña oración diligentemente. ¡Agárrate fuerte!
>
> Número dos, *La oración de Jabes* también debería venir con ¡cinturones de seguridad! ¡Es un viaje vertiginoso! Desde que he estado haciendo la oración de Jabes, un montón de ateos se han empezado a interesar por mis mensajes cristianos en varias páginas de Internet.

Ó LO QUE PIDIÓ

Algunos ateos me han enviado correos electrónicos, me han llamado, han trabajado conmigo, incluso se me han aparecido a medianoche cuando me encontraba en alguna ciudad lejana. ¡Nunca había hablado de Jesús con tantos ateos en toda mi vida!

No estoy seguro de por qué mi Padre me está asignando estos trabajos avanzados de evangelización, pero ¡confío en que Él sabe lo que hace en el perfecto plan que Él ha trazado para mi vida!

Si estás listo para unirte a la revolución de Jabes, ponte el cinturón porque vamos a dar un paseo frenético y maravilloso. Dios está a punto de desatar su tremendo poder en tu vida, y Él te saturará con su honor y deleite eternamente.

Si estás listo para unirte a la revolución de Jabes, ponte el cinturón porque vamos a dar un paseo frenético y maravilloso.

¿Eres tú uno de El millón de Jabes?

Estás invitado a dejar tu marca en el mundo hoy uniéndote ahora mismo a la revolución de la oración de Jabes. Un millón de jóvenes se están reuniendo para orar la oración de Jabes por ellos mismos y por el mundo todos los días durante un año.

¿Nuestro objetivo? Enorme.

[*ganar el mundo para Dios*]

¿Nuestras probabilidades? Ridículas

[*sin Dios, no hay*]

¿Nuestra oración? Escandalosa

[*pero Dios está esperando escuchar y responder*]

Visita nuestra página Web al pie de página y dinos que quieres que contemos contigo. Te diremos lo que tendrás que hacer después.

El Millón de Jabes es 1.000.000 de jóvenes de todo el mundo pidiéndole a Dios por el mundo… cada día.

Dios ha estado esperando que le pidas, y que lo hagas con todo tu corazón, aquello que a Él le gusta más dar. Es tiempo de pedir…

www.prayerofjabez.com/teens
(Solo en Inglés)

conversaciones de Jabes

Usa la información que hay en estas páginas como temas de arranque para tu estudio personal o para usarlo en grupo. Si tú eres líder y quieres crear una experiencia de aprendizaje para tu grupo de jóvenes, asegúrate de visitar www.prayerofjabez.com/teens para que veas *La guía de estudio de La oración de Jabes para jóvenes* (en inglés).

Capítulo uno: Hombre pequeño, oración grande

Ideas principales.

No importa quién seas o cuáles sean tus circunstancias, Dios tiene una vida importante y prometedora esperándote. Cuando pones a prueba su bondad, amor y poder pidiéndole su favor, Él te usará para sus propósitos en el mundo. Pasarás a ser uno de sus héroes "más ilustres" de la historia.

Conversaciones para comenzar.

1. ¿Qué decisión ha cambiado más tu vida hasta ahora?

2. Describe el tipo de vida que creas que a Dios le gustaría. ¿Crees que Dios quiere darte ese tipo de vida?

3. ¿En qué aspectos se parece tu vida a la vida de Jabes? ¿En qué aspectos son diferentes?

4. ¿Sientes que estás listo para obtener una vida "más ilustre"? ¿Puedes pensar en algo que te esté impidiendo obtenerla?

5. ¿Has notado alguna vez que Dios estaba trabajando a través y alrededor de ti de una manera poderosa? ¿Qué sentías? ¿Qué pasó?

Capítulo dos: Entonces, ¿por qué no pedir?

Ideas principales.

Dios quiere bendecirte porque Él te ama, y además, ¡Él es un Dios dador! Ya sean pequeñas o grandes, las bendiciones de Dios son algo que tú puedes experimentar, es algo que llenará tu interior. Dios te bendice también para un propósito mayor, para que puedas ser una bendición para otros. No hay nada mejor que "una vida bendecida", pero hay una trampa: tienes que pedir a Dios por ella.

Conversaciones para comenzar.

1. ¿Cuál es la bendición mayor que has tenido en tu vida y que sabías que era de Dios?

2. ¿Quién ha sido la persona que ha bendecido más tu vida? ¿Por qué?

3. Si pudieras pedirle a Dios cualquier cosa en tu vida, ¿qué le pedirías? ¿Sientes que estás siendo egoísta pidiéndole eso? ¿Crees que Dios piensa que estás siendo egoísta por pedir eso?

4. ¿Sueles pensar en Dios como tacaño y crítico o generoso y misericordioso?

5. ¿Has sentido alguna vez que Dios te daba algo o hacía algo para que tú pudieras bendecir a alguien más con ello? Si es así, ¿qué ocurrió?

Capítulo tres: Nacido para algo más

Ideas principales.

Dios quiere que expandamos nuestra influencia e impacto para Él (Él sabe que es aquí donde encontramos la mayor satisfacción y emoción en la vida). Él quiere que seamos más y que hagamos más para Él. ¿Cuánto más? Bien, Dios *ama al mundo entero* (¿te da esto alguna pista?). Una palabra para *territorio es ministerio*. Ministerio es lo que sucede cuando permitimos que Dios nos use en la vida de alguna otra persona. Empezamos a expandir nuestra influencia para Dios con aquellos que están cerca de nosotros (todos tenemos un territorio). Pero Dios puede ponernos en contacto con personas que no hemos visto nunca. Podríamos llamar a estos encuentros: citas Jabes, encuentros divinamente preparados donde Dios nos da nuevo territorio para un propósito grande y emocionante. Prepárate para ver un milagro en acción justo delante de tus ojos.

Conversaciones para comenzar.

1. ¿Cuál es el sueño más grande que has tenido para la carrera o el ministerio de tu vida?

2. ¿Qué persona en tu vida, aparte de tus padres o hermanos, es la que más te inspira para ser más y para hacer más para Dios? ¿Qué aspecto de su ejemplo es el que te causa esa impresión?

3. ¿Sueles pensar a menudo que tú podrías tener una vida importante y de influencia? ¿O sueles pensar que tú nunca has tenido esa clase de vida, o si la has tenido, que has tenido que esperar mucho tiempo para conseguirlo? ¿Por qué?

4. ¿Has tenido alguna vez lo que tú creías que era una cita estilo de Jabes, un encuentro sorpresa con otra persona que parecía que había sido preparada por Dios? ¿Qué ocurrió?

5. ¿Cómo cambiaría tu vida si creyeras que Dios quiere que expandas tu ministerio, buscando citas estilo de Jabes *cada día?*

Capítulo cuatro: La fuente de poder

Ideas principales.

Tan pronto como te lances a hacer algo grande para Dios, te darás cuenta de que no puedes hacerlo solo. Necesitas el poder de Dios, ¡mucho y rápido! De hecho, deberías sentirte temeroso y desbordado, pero esos sentimientos significan que estás en el camino correcto. Después de todo, no podemos hacer el trabajo de Dios sin el poder de Dios, así que pídele que te llene con el Espíritu Santo. Cuando tú pides esto, Dios te da su Espíritu para que Él pueda trabajar *a través de ti* para alcanzar el mundo. Él quiere usarte de formas sorprendentes, importantes y emocionantes empezando desde ahora mismo.

Conversaciones para comenzar.

1. ¿Recuerdas algún momento o algún suceso en tu vida en el que puedas asegurar que el poder de Dios hizo que sucediera algo? ¿Qué ocurrió?

2. ¿Conoces a alguien que entienda cómo depender del poder de Dios para tener éxito? ¿Cómo crees que esta capacidad afecta a su vida?

3. Nombra tres cosas en las que eres bueno. ¿Cómo puede querer Dios usar esos talentos de una manera

tan grande o asustadiza que te haga tener que confiar en Él?

4. ¿Por qué supones que a Dios le gusta ponernos en
algún sitio donde sintamos que no podemos con la
situación?

5. La próxima vez que sientas que te has alejado demasiado de Dios, ¿qué podrías hacer además de
dar media vuelta? ¿Cómo podría cambiar tu vida
si no te dieras la media vuelta?

Capítulo cinco: Lecciones de gladiador

Ideas principales.

Cuando tomas territorio *para* Dios, lo estás tomando
de Satanás. Esto quiere decir que te encontrarás en-
frentando tentaciones y oposición, pero en vez de orar
solo por seguridad o fortaleza, pídele a Dios que te
mantenga alejado del mal. Jesús enseñó a orar a sus
discípulos de esa misma manera: "No nos metas en
tentación, más líbranos del mal". Cuando tú le pides,
Dios responde. El te mantendrá alejado de la tentación, solo asegúrate de hacer tu parte en mantener las
tentaciones lejos de tu vida. Así te evitarás el dolor
que siempre trae el pecado.

Conversaciones para comenzar.

1. ¿Te describirías a ti mismo como una persona que "juega con la tentación" o como una persona que "se esfuerza por evitarla"?

2. ¿Qué persona viene a tu mente cuando piensas en alguien que te inspiró con su ejemplo para vivir bien y mantenerte apartado de la tentación?

3. ¿Con qué tentaciones en particular crees que tienes que ser más cuidadoso en pedirle a Dios que te proteja de ellas?

4. ¿Qué clase de dolor has experimentado debido a las decisiones pecaminosas de otras personas? ¿Qué dolor te has causado a ti mismo y a otros debido al pecado en tu propia vida?

5. ¿En qué medida crees que jugar con la tentación o caer en pecado puede haber parado el fluir de las bendiciones de Dios en tu vida? ¿Qué cosa podrías hacer para cambiarlo?

Capítulo seis: Cómo apropiarte de Jabes

Ideas principales.

Tú puedes hacer de la oración de Jabes el punto de inicio para un hábito de por vida de bendición e impacto para Dios. Unos sencillos pasos te ayudarán a desarrollar un hábito permanente de conseguir lo mejor de Dios. Dios honra a algunos de sus hijos más que a otros. Aquellos a los que Él honra quieren lo que Él quiere y corren rápido para ganar el premio de complacerle. Como cristiano, tú tienes el regalo mayor de todos: el Señor Jesucristo, para traerte lo mejor de Dios, tanto ahora como en la eternidad.

Conversaciones para comenzar.

1. ¿Han cambiado tus expectativas de lo que es posible, que a su vez es lo que Él quiere para ti, desde que empezaste a leer *La oración de Jabes para jóvenes?*

2. ¿Qué podría impedirte que llevaras a cabo con éxito el plan de treinta días para hacer de la oración de Jabes un hábito de por vida? ¿Qué podrías hacer para evitar este problema, o para tener éxito a pesar del problema?

3. ¿A qué buenos amigos y consejeros sabios podrías contarles acerca de tu compromiso Jabes? Describe una o dos cosas sencillas que ellos podrían hacer para ayudarte a llevarlo a cabo con éxito.

4. ¿Le has pedido a Jesús que te ayude a entender la bendición de tu salvación y nueva vida por medio de Él? ¿Qué crees que te puedes estar perdiendo?

5. Si escribieras una biografía de tres frases de todo lo que has hecho por Dios y en lo que te has convertido en toda tu vida, ¿qué dirías?

Fecha: _____

Petición: _____

_____

_____

Fecha: _____

Respuesta: _____

Fecha. _____

Petición: _____

_____

_____

Fecha: _____

Respuesta: _____

Fecha: _____

Petición: _____

_____

_____

Fecha: _____

Respuesta: _____

Fecha: _____

Petición: _____

_____

_____

Fecha: _____

Respuesta: _____

Fecha: _____

Petición: _____

_____

_____

Fecha: _____

Respuesta: _____

Fecha: _____

Petición: _____

_____

_____

Fecha: _____

Respuesta: _____

Fecha: _____

Petición: _____

_____

_____

Fecha: _____

Respuesta: _____

Fecha: _____

Petición: _____

_____

_____

Fecha: _____

Respuesta: _____

Fecha: _____

Petición: _____

_____

_____

Fecha: _____

Respuesta: _____

Fecha: _____

Petición: _____

_____

_____

Fecha: _____

Respuesta: _____

Fecha: _____

Petición: _____

_____

_____

Fecha: _____

Respuesta: _____

Fecha: _____

Petición: _____

_____

_____

Fecha: _____

Respuesta: _____

Fecha: _____

Petición: _____

_____

_____

Fecha: _____

Respuesta: _____

Fecha: _____

Petición: _____

_____

_____

Fecha: _____

Respuesta: _____

Fecha: _____

Petición: _____

_____

_____

Fecha: _____

Respuesta: _____